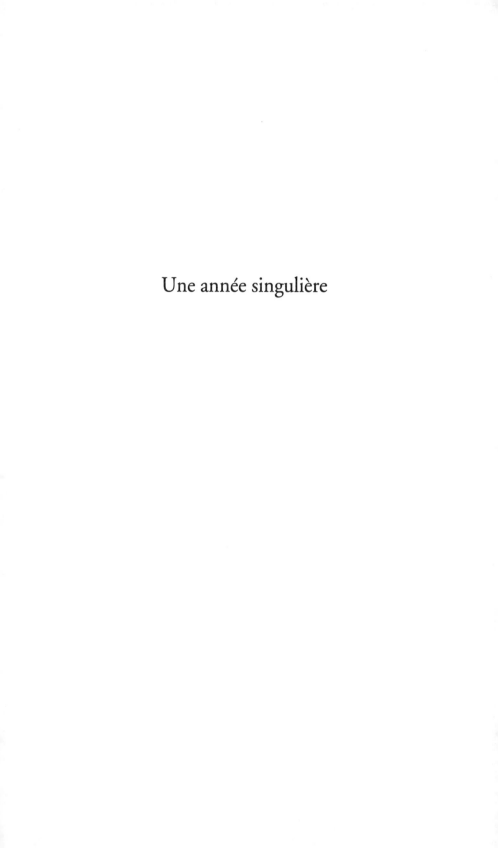

Une année singulière

Maryse Vaillant

Une année singulière

Avec mon cancer du sein

Albin Michel

© Éditions Albin Michel, 2008

À ma mère.

1

Le dépistage
Quand ça vous tombe dessus

Petit rendez-vous pour une mammo ordinaire

Recommencer la mammo

« Recommencer la mammo*[1]. Ce n'est pas assez clair. » Une fois encore, la charmante jeune femme au regard lourd s'excuse. « Le médecin veut vérifier. » Cela devrait m'alerter, mais non, je suis sereine. J'ai les seins denses, ma fierté, et je suis habituée aux mammos douloureuses et aux échographies de vérification. Et je n'aime pas ça. Pas du tout. La mammo, on ne le dit pas assez, cela fait mal. Certes, les femmes qui ont de petits seins ne se plaignent pas trop de devoir les aplatir et qu'on les compresse, mais moi, qui suis dotée de bons gros seins denses et opulents, cela me fait très mal. Surtout le sein droit. Aujourd'hui, c'est vraiment douloureux.

---

1. Les termes suivis d'un astérisque sont expliqués et commentés dans le carnet pratique en fin d'ouvrage.

9

Enfin, puisqu'il faut recommencer, recommençons. Je ne suis pas douillette, je ne vais ni pleurnicher ni résister, et j'ai envie qu'on en finisse. Ensuite, assise dans la cabine, en attendant qu'on me rappelle, je pense à ma petite-fille qui vient demain chez nous. J'adore m'occuper de cette petite fée. Une boule de lumière. Un an, une merveille de gaieté, mon bonheur. Je me réjouis par avance de toucher et d'embrasser son petit corps tendre et rieur, de lire dans ses yeux vifs les joies et les émerveillements du monde. Elle va passer la nuit à la maison. C'est dire que je suis également contente d'offrir à ses parents la plage rare d'une grasse matinée.

Avec le radiologue cette fois-ci, je suis invitée à regarder les clichés. Il me montre une tache assez diffuse que je perçois mal. Comme un nuage un peu déchiré dans le ciel sombre des jours de fortes pluies. Impossible pour qui n'est pas du métier de deviner dans les jeux des gris et des noirs le petit amas qui dénote. Je ne perçois rien. Alors, je commente. « Vous savez, c'est tous les ans pareils, j'ai les seins denses… » L'homme me regarde lourdement et secoue la tête. « Non, ce n'est pas cela. Il y a quelque chose de pas clair du tout. On refait une fois encore la mammo. Et ensuite vous irez faire l'échographie. »

Alors, on recommence. On m'aplatit les seins, on me dit de bien me coller contre la paroi, de ne plus respirer, de respirer à nouveau. Je me colle contre la paroi, je cesse de respirer, je reprends mon souffle. Retour avec le radiologue. Il est radical et insistant. « Vous avez deux taches suspectes, qu'on ne voyait pas la dernière fois. Une sur chaque sein. Il faut revoir votre médecin. » À peine ai-je entendu le mot « suspectes » que j'ai attrapé mon cancer*.

Quand on vous trouve des taches suspectes

Les beaux seins denses

Des taches suspectes, suspecte d'avoir des taches. De quoi me parle-t-il ? L'ombre sur le sein droit, je la connais bien. Elle ne me fait pas beaucoup d'effet. Je fais des mammos tous les deux ans, ce qui est normal à mon âge. C'est ainsi que j'ai été dépistée et opérée d'un kyste bénin, au nom assez plaisant d'« adénofibrome de la femme jeune », il y a quelques années. Depuis, chaque fois, la mammo et l'échographie signalent une ombre, une lacune, sur le sein droit, quelque chose que je ne vois pas mais que les radiologues reconnaissent et dont ils ne s'inquiètent pas. Je balaie donc joyeusement l'avertissement du médecin. À droite, ce n'est rien, du banal, du bénin. La tache n'a rien de suspect, je vous assure, c'est une vieille tache à moi, une copine. Presque une complice. Une tache qui ne fait pas tache du tout monsieur.

C'est bien plus bizarre du côté gauche. Un sein qui n'a jamais posé problème ! Un bon gros sein, dodu, ferme et lourd, pur de toute suspicion. C'est le genre innocent, discret que jamais personne n'a suspecté d'avoir la moindre tache.

Le radiologue n'a pas envie de rire. Il reste imperméable à mes tentatives d'humour et insiste pour me montrer sur la radio une drôle de chose aux contours flous.

Alors, je sais qu'il est inutile de faire plus longtemps la sourde oreille. Il me faut entendre ce qu'on me dit là. Cette tache-là fait tache, cette tache va être pour moi une sacrée tâche. Le cancer probablement.

En une seconde, devant les radios que je ne sais pas lire, commence pour moi le voyage solitaire vers le cancer. J'entre sans hésitation dans le no man's land qui nous sépare tous de la mort, qui me sépare de ma mort. De ma mort annoncée. De ma mort attendue, confirmée.

Pas même surprise

Étrange, c'est comme si je le savais déjà. Comme si une part de moi, intime, secrète, était déjà prête, déjà prévenue, déjà avertie. Cette partie de moi, je la connais bien, je la combats souvent, c'est celle qui s'attend au pire. Il ne s'agit que de mon vieux fond dépressif et anxieux, qui vit avec le drame, la tragédie, la mort, depuis longtemps, depuis toujours. Cette vieille habitude que j'ai de me préparer au pire pour ne jamais, jamais être prise au dépourvu. Connaître l'ennemi, l'épreuve, pour affronter. Toujours affronter.

Alors, devant l'écran lumineux où s'affichent mes radios, tout en écoutant le médecin et en plaisantant – ou du moins en essayant, car lui reste concentré, sérieux, presque sévère, comme s'il réprouvait mon humour enjoué –, je pense avec certitude que je vais mourir. Bientôt. Dans un délai raisonnable, mais bientôt. Pas de doute donc pas d'angoisse. C'est clair, c'est dit, c'est certain. Il ne me reste qu'à affronter.

Au plus profond de moi, les vieilles certitudes sont réveillées. Celles qui ont fait trembler les femmes de la génération de ma mère. Les étranges et morbides équations

12

qui font encore frémir : cancer, tumeur, tu meurs. Donc je meurs. Qui dit cancer dit mort. Eh oui, je le confesse, malgré mon intelligence et ma culture, j'en suis encore aux équations anciennes, aux vieilles superstitions. Aux fausses équations. J'ai beau savoir que c'est faux, à l'instant où commence pour moi le voyage au pays du cancer, c'est une annonce de mort qui vient à moi. Je ne sais pas encore que ce cancer va m'ouvrir à moi-même et au monde ni qu'il débouchera sur une vraie nouvelle vie, plus légère et plus heureuse. Je ne sais même pas si j'ai réellement un cancer ni quelle est sa gravité. Ce que je sais du cancer, c'est qu'il tue. Ma mère en est morte. Mes deux grands-pères également. M'annoncer un cancer, c'est me dire que je vais mourir. Je savais bien que cela arriverait un jour. C'est maintenant. C'est arrivé. L'heure de mon cancer a sonné !

Tout en passant à la caisse récupérer ma carte Vitale, je prépare déjà mon testament.

Et j'emporte la radiographie de mes seins avec le compte rendu du radiologue : ACR5* bilatéral. Salement tachée. Des deux côtés.

Quand s'affole la folle du logis

Familiarité avec la mort

La voiture est garée à proximité du centre de radiologie. Je m'installe les deux mains sur le volant et je sens un immense calme m'envahir. Comme une grande couverture pour asphyxier les flammes d'un foyer naissant. Je sais étouffer mon angoisse. Une vieille habitude, une réelle nécessité. Ma machine à résister est en marche. Pour l'instant, il me faut vivre pour me préparer à mourir. Je sais que c'est idiot, mais à ce moment-là de mon histoire, je n'ai pas le choix. Il me faut entrer dans le cancer par la case cimetière. Là où a débuté ma vie. Là où naissent mes premiers souvenirs. Je commence donc par ce que je connais le mieux. La mort. Mort violente, mort suspecte, mort honteuse, mort brutale, la mort fait partie de ma vie depuis mon enfance. Elle a accompagné mes premiers pas, toutes mes nuits, a nourri mes cauchemars et mes angoisses jusqu'à ce que je décide d'aller m'allonger plusieurs fois par semaine sur le divan d'une belle dame brune qui m'a aidée à ne plus craindre les morts. Car ce sont eux qui ont hanté mes nuits d'enfant et d'adolescente. La mort elle-même ne m'a jamais fait peur. Être morte m'a souvent paru un sort bien plus enviable que d'avoir à traverser certaines épreuves de la vie. Autrement dit, je n'appréhende pas de ne plus vivre.

Même l'idée de mourir, de passer, trépasser, ne provoque en moi aucune crainte. À une nuance près : la manière dont se fait le passage. J'aimerais bien choisir. Sans souffrance. Sans déchéance. Sans l'horrible solitude qu'a dû traverser ma mère, sans les souffrances abjectes qu'ont connues mes grands-pères, sans les tourments qui ont précédé la pendaison de ma grand-mère maternelle ou la longue agonie qu'a vécue ma grand-mère paternelle. Comme mon père peut-être, mort assez rapidement, bien qu'encore jeune, en ma seule compagnie, dans un service de réanimation, à peine sorti du coma, se croyant dans les bras de son autre fille, celle qu'il aimait, ma sœur.

Choisir sa bonne mort

Je voudrais mourir sans la brutalité d'une mort soudaine, violente et sans les souffrances des longues et pénibles maladies. Mourir oui, mais calmement, lucidement. Dignement. Connaître l'échéance. M'y préparer et vivre intensément l'ultime expérience de la vie, voilà ce que j'aimerais. Mourir en bon état. Mourir en bonne santé. Prendre le temps de mourir et partir en paix. Voilà ce que je dois réaliser. Car dans ma petite tête de dépressive luttant contre la dépression, habituée à vivre en compagnie de la maladie, de la détresse et des fins tragiques depuis mon plus jeune âge, si la mort est dite, c'est que la mort est là. Inutile de faire semblant de regarder ailleurs. Je ne crois pas nécessaire ni même souhaitable de tenter de détourner le destin. La mort et moi, nous nous connaissons depuis mon enfance, elle m'est familière. Mon heure est venue. Il me faut être prête. Il me faut la vivre bien.

Pourquoi tout ce cinéma mental ? Pourquoi envisager le pire ? Pour l'affronter. Je ne suis pas dupe de mes petites stratégies intimes, je sais que j'exagère. Je sais bien que je me raconte des histoires. Qu'il ne s'agit pas de mourir, juste d'avoir probablement un cancer. Mais envisager le pire, c'est ma façon personnelle et bien rodée de me préparer à affronter et à surmonter ce qui m'arrive. Je délire un peu dans le secret de ma tête et je fais face, sans hésitation, sans états d'âme, sans trouble apparent. L'action est mon domaine, je suis une battante, une vaillante. En cas de malheur, de crise, d'épreuve, je suis à la hauteur. Tête froide, raisonnement vif, capacité d'action maximale. On peut compter sur moi dans les coups durs, je ne panique pas, je ne me dérobe pas. Je suis présente et efficace. En fait, cette manière apparemment morbide de délirer sur la mort et les conditions d'un bien mourir, c'est la seule façon que je connaisse de réagir. Penser au pire, c'est faire l'économie de l'espoir et de son ombre portée, l'angoisse.

Attendre, c'est toujours mourir un peu

La maladie est maternelle

Car ce que je ne sais pas gérer, c'est l'incertitude. Comme beaucoup de grands angoissés, je suis meilleure face au vrai danger que devant la menace de son éventualité. Donc, me préparer à mourir, c'est plus facile pour moi que d'attendre le résultat des examens supplémentaires et la confirmation du risque exprimé par le radiologue. ACR5 bilatéral, c'est une probabilité, une suspicion, une éventualité. ACR5 bilatéral, c'est plus difficile pour moi qu'un double cancer avéré.

L'incertitude, l'attente anxieuse, le doute, les supputations, tout ce que je ne maîtrise pas me panique. Je ne sais pas être patiente, ni être une patiente. En fait, être malade, ça, je ne sais pas faire. Je ne sais pas me soigner. Aller à l'hôpital, subir des opérations, prendre des médicaments, souffrir, surtout souffrir, cela me fait peur depuis toujours. Et pour de bonnes raisons, personnelles, anciennes, infantiles, familiales.

Depuis mon plus jeune âge, la maladie est féminine et maternelle. Elle me fait toujours penser à ma mère. Toutes deux se ressemblent à se confondre. Elles ont le visage triste et anxieux, le regard lourd d'un mélange de colère et de peur. Elles pourrissent autant le corps que l'âme, et mènent à la mort en prenant le temps de gémir et de souffrir. De faire gémir et de faire souffrir.

Comme ses sautes d'humeur, ses colères et ses paniques, les maladies de ma mère ont rythmé ma vie d'enfant. Visites du médecin, soins infirmiers, mystérieux séjours à l'hôpital, départs en maison de repos. La maladie, c'est presque un style de vie. Un style de non-vie. Un espace en dehors du vivant, qui côtoie la mort, comme un couloir presque parallèle, qui prend son temps avant de la rejoindre. C'est un monde froid et blanc, qui sent mauvais, où règnent d'étranges puissances occultes, un long couloir où seuls s'entendent le silence et les cris. De rage. De douleur. De révolte et de peur.

Je n'ai jamais été malade et, pour l'instant, je ne le suis pas. Je ne sens rien, aucune douleur. Aucun traitement, aucune fatigue, aucun malaise, aucune hargne, aucune peur. Juste l'annonce d'un cancer possible. D'un cancer certain.

Que la tumeur s'avère bénigne ou cancéreuse,
l'attente est la même

Je rentre chez moi très calme. Totalement calme. Pourtant, dans ma tête, tournent en boucle les mots du radiologue, je revois sa blouse blanche, sa mine soucieuse, son regard presque interrogatif. Comme s'il me scrutait, comme s'il cherchait dans mes yeux la trace de ce cancer qu'il est pour l'instant le seul à détecter. Le seul à deviner. Et qu'il craignait ma réaction. Personne n'aime être le messager qui délivre la mauvaise nouvelle. Personne n'aime être l'ange de la mort. Je me dis que ce n'est pas marrant d'annoncer à une femme innocente qu'elle a une vilaine tache sur son sein et que sa vie va prendre un tournant qu'elle n'avait pas prévu. Il sait ce que son examen va déclencher.

Les angoisses occasionnées par une tumeur qu'on découvre ensuite bénigne ne sont pas plus légères que celles qui proviennent d'une lésion cancéreuse. Le temps de latence, celui de l'attente, celui de l'anticipation, est comme un petit voyage en solitaire au pays de l'angoisse. Quelle que soit son issue, le trajet comporte des étapes qui ressemblent un peu à un chemin de croix. Chacune tombe et se relève, rencontre ses peurs, ses morts et se pose la question de sa vie. Attendre le résultat d'une biopsie*, c'est toujours attendre une sentence de mort. Attendre un nouveau rendez-vous, des examens complémentaires, l'avis d'un autre médecin, c'est attendre la mort. Ensuite, on reprend pied dans la vie. Dès qu'il faut se battre, combattre, la vie revient avec ses brûlures, ses urgences, sa bouillonnante activité, ses peines et ses souffrances. Mais quand on attend, quand on ne peut qu'attendre, on meurt un peu.

Celles qui craignent de savoir

C'est pourquoi trop de femmes refusent encore de faire la mammographie* qui seule peut les sauver du cancer du sein.

Elles se cachent de la mort. Elles se cachent de la peur. Elles prennent le risque de mourir pour éviter d'entendre parler de leur mort. Elles ne veulent pas qu'on leur dise : « Vous êtes mortelle, madame. Votre sein en porte l'estampille. À vous de vous battre pour sauver votre propre vie. À vous de lui accorder la même importance qu'à celle de votre père, votre mère, votre amour, vos enfants... »

Tant de femmes, trop de femmes, ne veulent pas entendre ce message. Elles se battent pour vivre et refusent de penser à leur mort. Pourtant, si l'attente est comme une parenthèse dans le flux de la vie, le résultat, lui, remet les choses en route. Accepter de savoir, c'est déjà engager les premiers soins. Pour moi, y compris avec le sous-texte morbide qui l'accompagne, accepter l'idée du cancer, penser à la mort, c'est accepter de vivre. C'est prendre la pleine mesure de la lourdeur et de la densité de la vie.

Nous mourons chaque jour, cellule après cellule, chagrin après chagrin, défaite après défaite. Seuls notre intelligence et notre courage nous tiennent en vie. C'est pourquoi on ne peut faire l'économie d'un petit voyage du côté de la mort. Choisir la vie, la sienne, qui le fait en dehors de ce genre de grande crise ? La question que pose le cancer est une question ambitieuse, presque métaphysique. Oui, le cancer sera pour moi une aventure métaphysique.

Apprivoiser le cancer pour voyager avec lui

En parler

Sans attendre, il me faut en parler. Voir si des mots expriment ce que je ressens. Tester l'effet des paroles entendues et répétées. « J'ai une mauvaise nouvelle, tu sais. J'ai probablement un cancer. Au sein gauche. Une tache pas nette. Une autre à droite, plus petite. ACR5 bilatéral. Ne te fais pas de souci, comme tu le vois, je vais bien… »

J'accueille donc mon compagnon avec un sourire apaisé, les yeux calmes, le regard ferme. La Maryse des grands jours. Efficace, forte, paisible, sereine même. « Ne te fais pas de souci, tu sais que je n'ai pas peur de mourir. »

Il le sait, mais estime que ce n'est pas à l'ordre du jour. Il parle aussitôt de traitement, de soins, de rémission, de guérison. Il fait comme les autres, comme tous ceux à qui je serai amenée à annoncer mon cancer. Tout de suite, pour ne pas évoquer la mort, parler de guérison. Tout de suite, évoquer les progrès fabuleux de la médecine. Et moi, quand j'en serai sortie, je ferai de même. Car la réalité de celle qui découvre son cancer est bien celle des traitements et de la guérison, non celle de la mort attendue, de la mort annoncée. L'expérience métaphysique magistrale dans laquelle je me sens m'engager ne peut faire l'économie de la réalité matérielle et concrète du cancer qui commence par un dépistage*, un diagnostic*, des examens et des jours d'attente.

Je le sais, mais je n'en veux rien savoir. Je ne veux pas me faire voler mon petit voyage en solitaire au pays des morts et des mourants. Alors, je tente de repousser à plus tard les questions qui ne me concernent pas encore. L'heure de la folle équipée des traitements n'a pas encore sonné. Pour l'instant, j'en suis à la première et brutale fausse équivalence : cancer = mort. Ma destination n'est pas l'hôpital mais le cimetière. Je suis la dame en bonne santé qui pense à son testament.

En manger

Nous décidons donc d'aller déguster un plateau de fruits de mer dans un de nos restaurants aimés. Puisque c'est la saison du crabe, mettons-le dans notre assiette. En regardant les vagues jouer sur le sable humide de la plage, nous rions tous les deux. Je suis gaie, comme d'habitude, enjouée, un peu caustique, mais pas trop. Je joue à apprivoiser le sort, je m'exerce, je m'entraîne. Je ne suis que sélectionnée, nominée, pas encore primée.

Mon compagnon est silencieux, comme d'habitude, attentif, attentionné, mais pas trop. Que pense-t-il vraiment de mon calme, de mes rires, de mon appétit, de ma sérénité ? Il ne dit rien, car il n'est sûr de rien. Il n'est pas du genre à s'emballer, à imaginer le pire, à construire des hypothèses sur des incertitudes. Pour lui, tant que le diagnostic n'est pas encore posé, il est inutile de paniquer. Pour lui, je réagis bien à l'annonce d'un cancer possible. C'est tout. Et cela me ressemble, me préparer, ne jamais fuir, être prête.

Pour lui, je suis prête à l'éventualité d'un cancer, alors que moi, je suis prête à la certitude de la mort. Toutes nos différences sont là, dans ces formulations différentes, dans ces acceptations différentes de la réalité. Il est pragmatique et prudent, refuse d'anticiper lorsque cela n'est pas indispensable. N'aime pas se charger d'angoisses inutiles. Il me regarde déguster mon muscadet et s'amuse de voir que mon petit cinéma sinistre ne m'empêche pas de savourer les fruits de mer et d'admirer le jeu des vagues sur la plage. Je suis toujours la bonne vivante à l'imagination morbide qui apprécie chaque gorgée de plaisir. Toujours la dame en bonne santé, avec un solide appétit, qui disserte sur sa mort prochaine.

Première rencontre avec un spécialiste

Sortir du doute

Rendez-vous avec le chef de service du service de gynéco-obstétrique munie de mes radios, mammos et échographie. J'y vais seule. Du mal à me garer comme d'habitude, et comme d'habitude, j'arrive en avance. La salle d'attente est claire, spacieuse, aérée. Peut-être parce que la consultation a lieu dans la maternité de l'hôpital. Drôle de clin d'œil. Un cancer du sein se diagnostique dans un service maternel. Comme pour me rappeler, une fois encore, la fragilité de mon corps de mère… Un corps douloureux chez moi. Plusieurs fois blessé, plusieurs fois opéré, mon corps de mère est un corps de femme blessée.

Le médecin étudie les clichés et confirme, deux taches suspectes. Le sein gauche semble très atteint. Plus de trois centimètres à vue de nez, un gros truc donc. Celui de droite semble également concerné, c'est plus net, plus petit, mais incontestablement suspect. Suspect d'être cancéreux. ACR5. Tous les deux.

Il examine très attentivement mes deux seins. Le mamelon gauche est rétracté, ce qui semble augurer d'un risque de tumeur cancéreuse. Le sein gauche est chaud, gonflé, rouge également. Le médecin note tout cela. Ensuite, il m'interroge sur mes antécédents*. Je parle du cancer de ma mère et de ceux de mes grands-pères. Personne, à ma connaissance, n'a jamais rien eu aux seins.

L'homme est gentil, des rides intelligentes, un sourire vivant. Ni pontifiant ni mielleux. Précis, humain, amical. Il répond à toutes mes questions, me rappelle le taux élevé de cancers du sein et le pourcentage important de guérison. Il évoque l'opération. « Il y a quelques années, je vous aurais enlevé le sein gauche sans plus attendre. Aujourd'hui nous sommes plus prudents. Nous allons faire une mesure plus précise des lésions, sous échographie, et faire également des biopsies. Des deux côtés. Ensuite nous déciderons. Je ne décide pas seul. Une commission se réunit tous les quinze jours : chirurgien, radiologue, anatomopathologiste, et nous décidons du traitement. »

Il précise que la lésion du sein gauche semblant très grosse, il est possible de prévoir une chimio* avant l'opération pour tenter de résorber la tumeur. Rendez-vous est pris avec la radiologie pour une nouvelle échographie + mesure des lésions + biopsies. Des deux seins.

J'ai probablement deux cancers, mais ça va bien

Je repars rassurée. Bizarre car je ne me sentais pas inquiète. Son avis confirme ce que je sais, j'ai un cancer. En plus il est grave. Et j'ai même certainement deux cancers. Et ça, c'est une nouveauté. L'énormité de la nouvelle me fait un peu fléchir mais aussitôt je me redresse. Pas le moment de craquer, deux cancers, c'est sérieux. Il me faut être forte. Heureusement, j'ai affaire à des gens intelligents qui ne me prennent pas pour une gourde et qui ne me plaignent pas. Aucune compassion, juste de la gentillesse. Donc, ça va pour moi. On m'explique, on ne me cache pas les difficultés, l'opération, l'ablation possible. La chimio certaine, avant ou après l'opération. Les rayons* ensuite probablement. Un parcours de soins interminable, mais classique dans les cas de gros cancers… J'encaisse tout cela. On aurait pu en remettre une couche que j'aurais accueilli la nouvelle sans broncher. Un troisième cancer sur un troisième sein ? j'étais prête.

Aucune bouffée d'émotions. Ni larmes ni peine. Pas de panique ni d'angoisse. Rien que la vigilance nécessaire pour pouvoir affronter ce que la vie vient de me sortir de son sac à malices. Le cancer, c'est une épreuve. Il faut être forte. Je suis forte. Les épreuves, je connais. Alors, j'écoute, je pose des questions, j'enregistre les réponses. C'est compliqué ce qui m'arrive là. Bien sûr, je peux encore me dire que les radios sont trompeuses, que le radiologue est alarmiste et le chirurgien pessimiste… Me précipiter chez un confrère, envisager une contre-expertise, faire appel ! Résister à la maladie pour mieux m'en protéger. À vrai dire, je n'y pense même pas. Ce n'est pas mon style de combat. Jouer aux faux espoirs pour retarder le verdict, ce serait errer dans les zones infernales des incertitudes, des doutes, des craintes. Là où je serais seule sans boussole, sans repère. L'éventuel est mon ennemi. Je préfère la certitude du pire. Ainsi, je ne peux avoir que de bonnes nouvelles. Se préparer au pire a de bons côtés, il arrive qu'on ait de bonnes surprises.

Un peu sonnée tout de même

Lorsque je sors de la maternité, je flotte un peu. En moi, c'est le grand calme. Un silence assourdissant. Je suis grandiose. Une grande Maryse courageuse et vaillante, comme d'habitude, mieux que d'habitude. Une grande fille, comme quand j'étais petite. Un bon petit soldat, aurait dit mon père. Une fille sans cœur, aurait dit ma mère. Une fille sans émotions. Dure comme ma grand-mère paternelle. Dure à la douleur. Dure à la peine. Je sors de l'hôpital la tête droite. Je me tiens. Je suis à la hauteur. C'est un peu vide dans ma tête, mais ça va.

Toutefois, en regagnant ma voiture, je constate que mes mains tremblent un peu. Je laisse tomber mes clés, je cale en démarrant, je m'engage dans un sens interdit. La tête me fait un peu mal, comme si j'avais pris un coup. Je me sens un peu sonnée. Comme KO. Je me perds dans les rues et ne retrouve pas le chemin qui conduit chez moi. Il me faut m'arrêter. Je me retrouve dans une zone commerciale, tout près d'un magasin bio que j'aime bien. Je décide donc d'aller y chercher des fleurs de Bach : le remède Rescue. On m'a souvent dit que cela permettait d'affronter les crises émotionnelles. C'est le moment d'essayer. Quelques pulvérisations et je me sens mieux. À nouveau mes neurones fonctionnent. Je trouve la bonne route et je rentre sans encombre. Bravo Rescue ! C'est la première fois que j'en prends et c'est vraiment efficace.

L'annonce faite à ma fille

Je vais te faire de la peine

« Ma chérie, assieds-toi. J'ai une mauvaise nouvelle à t'annoncer. Tout d'abord, tu vas te pulvériser ce truc dans la gorge. Un remède. Ce sont des plantes. C'est bon pour les chocs émotionnels. Car ce que j'ai à te dire va te faire de la peine. Voilà, j'ai probablement un cancer, voire deux. Aux seins. Oui, aux deux peut-être. Mais rassure-toi, c'est soignable ; on en guérit très bien. Je ne me fais pas trop de souci. Je serai bien suivie. De nos jours, on ne compte plus le nombre de femmes qui mènent une vie tout à fait normale après un cancer du sein. Surtout le cancer du sein. Très fréquent, très bien dépisté, très bien traité. Surtout quand c'est pris au début, comme pour moi. Ce n'est pas du tout tragique, cela arrive à tant de femmes aujourd'hui… C'est un cancer qu'on guérit très bien.

Et puis tu sais, je vais bien me soigner. Je ferai tout ce qu'il faut. Mais bien sûr, je ne vais pas mourir ! Il n'en est pas du tout question. Ni même que je sois hospitalisée, sauf pour une petite opération. Tu sais, le cancer aujourd'hui, c'est un long chemin de soins, mais ce n'est pas du tout un pronostic mortel. Tant de femmes ont un cancer du sein et s'en sortent très bien. Ne pense pas au pire. Tu sais que je suis une battante, je vais me battre.

Oui, il en est au tout début, tu sais que je suis bien suivie en gynéco et que je fais toutes les mammos de dépistage. D'ailleurs, c'est comme ça que j'ai été dépistée. Oui, un cancer pris au début, c'est facile à guérir.

26

Non, ce n'est pas tout à fait certain mais presque. J'attends la biopsie qui permettra de savoir très précisément ce que j'ai et aussi de prendre une mesure précise des tumeurs. Mes cancers doivent être tout petits. La biopsie, tu le sais, c'est la première étape. C'est normal, c'est la routine.

Oui, j'ai mon rendez-vous. Dans une quinzaine de jours. Tu vois, pas d'urgence. Aucun caractère de gravité. Tu verras, tout se passera bien.

Mais oui, je prends Léonie comme prévu. Pourquoi changer ? »

Ce que je ne dis pas

En lui disant tout cela, j'ai envie de m'excuser. De lui dire combien je suis désolée d'être malade, d'attirer l'attention sur moi, de lui causer du souci. Je voudrais lui dire que je crains de ne pouvoir la soulager de sa fille comme j'aime le faire, que je ne peux garantir les mois qui viennent. Comment dire à sa fille qu'on est malade, peut-être gravement ? Comment dire à son enfant qu'on pense à la mort ? Comment dire à une jeune mère fatiguée qu'on entre dans une longue maladie ? Ces choses-là ne se disent pas. Pas encore. Ces choses-là, je ne peux les dire, pas encore. Je ne peux imaginer devenir une charge pour les autres, surtout pas pour ma fille. Et j'espère très fort que ce cancer sera du genre qu'on traite en solitaire ou dont on meurt très vite. Et cela non plus, je ne le dis pas.

Je ne sais pas encore que je serai soignée pendant neuf mois et que ma fille sera suffisamment adulte pour me soutenir sans que je me sente dépendante de son soutien.

Notre relation mûrira pendant ces mois de traitements. Léonie grandira et sa mère aussi. Moi aussi, en fait. La vie l'emportera et mes idées noires laisseront place à de nouveaux projets, des espoirs tout neufs, de belles joies. Je ne sais rien de tout cela lorsque j'annonce à Judith que j'ai probablement un cancer du sein. Au point où j'en suis, j'ai honte, tout simplement honte de devoir lui imposer cette maladie. Comme si je lui faisais défaut, que je déclarais forfait dans mon rôle grandiose de mère.

Ce qu'elle comprend fort bien

Mais elle est plus adulte que moi en la circonstance. Elle accueille mes déclarations – informations comme dénégations – avec un grand calme, sans panique. Je sais qu'elle pleurera chez elle plus tard, sur l'épaule solide de son mari, mais devant moi, elle ne versera pas la moindre larme. Elle ne me fera pas porter le chagrin et les peurs que mon cancer lui fera éprouver.

Ma fille me ressemble beaucoup sur ce plan-là, c'est une femme forte et mon cancer la renforcera encore. Elle se documentera sur le Net et pourra ainsi suivre toutes les étapes de mes soins. Elle le fera avec tact, douceur, fermeté et intelligence, me permettant de toujours voir ma petite-fille, de toujours rester en contact avec la boule de lumière qui brille en elle. Léonie s'amusera beaucoup de mon crâne chauve et de mes bonnets avant de s'extasier sur le court duvet mousseux qui finira par revenir.

Je ne sais sur quels chemins douloureux mon cancer conduira ma fille ; je ne sais rien de ses larmes ni de ses angoisses. Tout le temps que durera pour moi l'épreuve des soins, elle sera présente, chaleureuse, disponible. Elle, son mari et leur fille seront pour moi d'un grand réconfort. Comme une balise, un repère qui me dira tout le temps de mon cancer : « Ne t'en fais pas pour nous. Occupe-toi de toi. Nous t'aimons et nous allons bien. »

Même lorsque cela ne sera pas vrai car les difficultés de la vie ne les épargneront pas, ils m'enverront toujours ce message, le seul qui me fasse du bien. Le seul qui me fasse guérir : « Ne t'en fais pas. Nous allons bien. »

2

Quand l'attente fait voyager dans sa tête
Embarquement pour l'étrange

Chaque route est singulière

Sans passer par la case révolte

On l'a compris, ce cancer ne me révolte pas. À peine envisagé, déjà accepté, il fait partie de ma vie. Il est là, il est à moi. Il fait partie de moi. C'est mon cancer et je vais vivre avec et me battre contre lui.

Une acceptation instantanée, sans marchandage, sans refus. Comme si la chose était inéluctable. Inutile de dire que je sais qu'on ne réagit pas comme ça. Normalement, l'annonce du cancer devrait soulever chez moi un profond sentiment de révolte, d'indignation. Le genre : pourquoi moi ? ce n'est pas juste ! Un recul classique devant l'accident, la maladie ou la mort. L'esprit se refuse, se dérobe, cherche inconsciemment à éviter le choc, à éviter d'être la cible du désastre. C'est d'ailleurs ce que je vais entendre pendant quelques mois : « Oh, Maryse, pas toi ! » Comme si le malheur choisissait ses victimes, comme s'il pouvait épargner ceux que nous aimons…

Comme si mon caractère enjoué, mon équilibre et ma corpulence me mettaient définitivement à l'abri de la maladie. Une fiction qui m'entoure depuis mon enfance. Pour tous, mes parents comme mes profs, j'étais vivante, « élève vivante », en bonne santé, une fille joviale et solide. Carrure et vivacité, sourire et bonne humeur, je suis restée la vivante Maryse Vaillant qui jamais n'est malade, jamais ne fait faux bond à personne. Alors, qu'est-ce qui m'arrive ? « Un cancer, toi ? ce n'est pas possible ! Non, pas toi ! »

Comme si en m'atteignant, moi la solide, le cancer prévenait les plus fragiles que leur tour viendrait. Quand la maladie choisit une femme forte, toutes les autres se sentent menacées… Résultat, tout le monde s'insurge et moi je rassure tout le monde. « Ne vous en faites pas, je vais bien. Tout va bien, soyez rassurés, je tiens bon. »

Autrement dit, pendant que dans le secret de mon cœur, je me prépare à mourir, en souriant je m'efforce de rassurer tout le monde.

J'ai lu beaucoup de témoignages et je connais des femmes que la nouvelle a violentées, qui se sont insurgées sur l'injustice ou la cruauté de leur sort. Selon moi, elles réagissent normalement. Il est sain de refuser le malheur. De tenter d'en repousser l'échéance. Je comprends tout à fait cette réaction, qui fait partie des étapes* classiques de la progression émotive devant la maladie, la mort, les mauvaises nouvelles. Refuser, rager et pleurer, bien avant d'accepter.

Et pourtant, moi, qui m'estime normale, je me vois admettre d'emblée autant l'annonce du cancer possible que l'idée d'une fin prématurée. Posément, pesamment, j'enregistre les nouvelles comme je le fais habituellement. Avec le pragmatisme de celles qui sont prêtes à tout.

D'emblée, dès l'annonce, envisager ce qu'il faut faire, ce qui peut être fait, ce qui doit être fait. Mettre son énergie à faire ce qu'il faut et accepter ce qui ne peut être évité.

D'une certaine façon, je suis philosophe.

La version Mère Courage

Faire ce qu'il faut. Savoir ce qu'il faut faire et le faire. Le problème, c'est que pour l'instant, la chose à faire c'est attendre. Pas facile. Pas si facile de ne rien faire. Car l'esprit poursuit sa ronde et les questions s'enchevêtrent.

Le rendez-vous est pris pour les biopsies, dans quinze jours. Donc quinze jours d'attente. Le temps de continuer mon cinéma de future mourante quand je suis seule et mes protestations de combattante quand je parle à ma fille et à ma famille.

En moi cohabitent, pour l'instant sans heurts, une version Mère Courage qui se prépare à la mort et une version femme battante qui se prépare au combat. Je ne sais encore qui va prendre le dessus. Ce que je sais, c'est que le rendez-vous est pris, et que j'irai. Aucun désir de transiger, de fuir, de contourner l'obstacle. Mon père serait content, le bon petit soldat va au front, sans songer à déserter ni même à remettre en cause sa mission.

De toute façon, mon ennemi à moi, ce n'est pas la mort, c'est l'angoisse et la maladie. Il m'est donc plus facile de penser que je vais mourir que d'envisager les étapes de cette longue et douloureuse maladie comme on lit dans les nécrologies.

Les bizarreries de la vie

Un curieux avertissement

Il se passe parfois de drôles de choses dans nos vies. Mon esprit cartésien, ma structure psychique et ma formation universitaire me laissant une certaine liberté intellectuelle, j'aime bien reconnaître que je ne comprends pas tout et que parfois les bizarreries de la vie peuvent nous laisser pantois.

C'est un peu ce qui m'est arrivé. Comme si le destin m'avait fait un petit signe, une annonce, comme un avertissement avant de m'inviter au cancer.

Il y a un peu plus de deux mois, je suis tombée, dans ma baignoire, et je me suis cassé quatre côtes. Une chute brutale, de tout mon poids, en glissant sur une savonnette. Un accident stupide – mais je n'en connais pas d'intelligent – qui m'a contrainte au repos. Grâce aux bandages et aux miracles de l'industrie pharmaceutique, j'ai pu assez rapidement juguler la douleur et me confirmer que je suis dure au mal. Reste que j'ai dû me reposer. M'arrêter. Me poser. M'immobiliser.

Trois semaines de canapé. Du matin au soir. Somnolence des médicaments. Gratitude pour la morphine. Solitude et réflexion. Réflexion surtout. Pourquoi une telle chute ? Je suis plutôt maladroite, gestes brusques, du genre à me cogner aux portes des placards, aux bords des fenêtres, à courir, à glisser, à me tordre la cheville, mais pas du genre à perdre l'équilibre dans ma baignoire. D'ailleurs je ne me suis jamais rien cassé. Je tombe certes, mais ne me romps pas. Alors que se passe-t-il dans ma vie, dans ma tête pour que je me retrouve immobilisée, bandée comme une momie, droguée au dérivé d'opium, incapable de rire, de me moucher ou d'éternuer sans dérouiller ?

Ne rien faire. Juste penser. Obligée de penser. Penser à moi. À mon état de fatigue, cet état de surbooking dans lequel je me maintiens après quelques années de retraite. J'en fais trop. Je ne sais pas dire non. Pire, je fais comme si toute personne qui me demande quelque chose avait le droit de l'obtenir de moi. Je me mets en quatre pour régler le problème des autres comme si j'étais en dette avec tous ceux qui ont besoin de moi. Ce n'est pas raisonnable ça, Maryse, tu le sais bien.

Toutes ces vieilles fragilités narcissiques

Je le sais, mais je le fais quand même. Je vais là où l'on m'appelle, incapable de décevoir qui a besoin de moi. Une vieille habitude d'enfant un peu abandonnique dont mes années de psychanalyse auraient dû me débarrasser, mais qui semble incrustée dans ma peau comme un tatouage. Mon tatouage. Ma marque de naissance presque. Ma vieille névrose.

Certes, depuis quelque temps, j'essaie de refuser les invitations à faire des conférences dans les colloques, journées de formation et d'études, osant avouer ma fatigue, et mes hésitations devant les longs déplacements. Il m'est pourtant difficile de refuser mon soutien à ceux qui se battent contre l'usure et la répétition. J'ai beau avoir quitté le monde éducatif et social, chacun de mes livres porte la mémoire de tous les acteurs de l'ombre. Leur clinique du quotidien me tient à cœur et leurs sollicitations également. Or il est un temps pour dire et un autre pour écrire. Après des années d'interventions orales est venu pour moi le temps des livres.

Je tente donc de me réserver pour l'écriture et pour promouvoir mes publications. Radio, télé, salon littéraire, rencontre chez un libraire, je suis toujours partante. En fait, c'est un peu comme si j'avais peur que mes livres ne se vendent pas si on n'en parle pas dans les médias et que les médias n'en parleraient pas si je ne venais pas moi-même faire l'article. Manque de confiance en moi, c'est certain. Toujours ces vieilles fragilités narcissiques…

Un travail d'inventaire

Donc, ma chute idiote et mes côtes bien cassées me disent qu'il est temps de revoir un peu mon programme et de me recentrer sur mes priorités. Aussitôt après avoir récupéré un peu de mobilité, je décide de prendre le temps de faire du nettoyage, du rangement, de mettre de l'ordre dans mes affaires.

Prendre rendez-vous avec un conseiller en patrimoine pour faire le point sur mes finances. Une donation à ma petite-fille et des dons à quelques associations caritatives et militantes. Trier mes vêtements et faire porter des cartons à Emmaüs. Classer ma documentation et léguer mes archives.

Un grand nettoyage mental, une façon de faire un peu le vide et d'accompagner les résolutions de l'été : à la rentrée, je m'occupe de moi, je bosse moins, je fais moins de petits enregistrements télé fatigants et inutiles, je me recentre sur ce que j'aime. Autrement dit, m'occuper de ma petite-fille quand ma fille en a besoin, aller marcher dans les bois, écrire. Vivre ma vie de jeune et pétulante retraitée en profitant de ma belle maison et de ma Bretagne aimée.

Voici ce que je décide en août. Ce que je mets en pratique en septembre. Avant la mammo du mois d'octobre.

Et voilà qu'arrive l'annonce du cancer. Je savais déjà que je devais ralentir, je comprends maintenant qu'il me faut arrêter. Arrêter de vivre comme avant, ou arrêter de vivre ?

Revoir ce qu'on aime pour pouvoir le quitter

Les ors de l'automne

Belle journée d'automne. Ciel bleu, vent léger, soleil tendre. Je pars dans les bois, dans mes bois. J'ai mon couteau « spécial champignons », un Opinel recourbé, à virole, muni d'un court râteau de poils pour débarrasser les bolets des petites limaces et des feuilles restées collées sur le chapeau. Direction ma clairière, un des bois magiques que j'aime tant et où je me suis tant de fois perdue à marcher le nez au sol, les yeux scrutant l'ombre sous les fougères et les lits de feuilles de châtaigniers. J'ai repéré quelques coins à girolles, je guette l'apparition des pieds-de-mouton sous les houx et quand les chanterelles ne sont pas encore là, je cherche les clitocybes améthyste.

Dès les premiers pas sous les arbres, je jubile. Je respire calmement, je me sens bien. Je me sens toujours chez moi dans les bois. Le nez grand ouvert, je hume l'odeur forte et tendre de l'humus, j'écoute craquer les vieux troncs et crier les geais. J'y vais doucement, sans bruit, pour ne pas effrayer tout le petit monde qui s'agite dans l'ombre des bosquets et des souches. Mon regard vole vers la cime lumineuse des arbres, là où le ciel clair joue avec le vent, le long des troncs, dans les herbes et les feuilles sèches. Très vite, la quête commence et me prend toute. Le premier champignon aperçu va me faire flairer le sol comme une truie truffière. Alors, sans répit, des heures durant, je suis capable de guetter l'orange clair ou le tendre brun brillant qui me dira qu'on m'attend, qu'on veut se faire cueillir. Car c'est ma théorie, je ne ramasse que le champignon qui me fait signe. Celui qui a fait son choix : il préfère finir dans mon assiette que moisir sur place ou se faire bouffer par les limaces. Pour le remercier, je le nettoie sur place, laissant ses spores sur les mousses.

Les bois de mon cœur

Aujourd'hui, c'est spécial. J'ai avec moi mon cancer. Pas à pas, j'admire les branches mordorées tremblant sous une tache de soleil, les ombres douces qui marbrent les troncs, les souches moussues. Je renifle l'odeur forte et douce de la nature d'automne en décomposition. Et je pense que bientôt nous ne nous verrons plus. Je me sens bien et je fais mes adieux aux bois. À mes bois. Adieu à la pénombre mordorée, au léger vent humide, aux herbes douces, aux brindilles, aux feuilles mortes.

Puisque j'ai un cancer, je vais mourir. Puisque je vais mourir, je dis adieu à ce que j'aime. Dans mon genre, je suis une vraie romantique.

Je ne sais pas encore si mon cancer est grave, quelle thérapie me sera proposée, si elle sera douloureuse, mais je me prépare à la mort. Avec tendresse. J'apprivoise l'idée de tout perdre. En commençant par les arbres, les champignons, l'odeur des sous-bois. Le vent, la lumière. Je regarde avec émotion et gratitude tout ce que j'aime, le monde magique des bois que j'affectionne depuis mon enfance. Ici tout est bien. Ici je suis bien. Je n'ai d'autres soucis que de repérer les champignons et de les cueillir soigneusement, et ensuite parfois de retrouver mon chemin lorsque mes pas m'ont menée dans un coin où je ne reconnais rien.

Est-ce stupide ? inutile ? suis-je ridicule ? probablement. Il m'est impossible de savoir si je suis sage ou folle en errant dans les bois, m'imprégnant de la douceur d'automne. Je ne suis pas triste. Pas plus que d'habitude. Une sérénité m'habite. Comme celle qu'apporte le sentiment de l'inéluctable.

Une dernière petite télé

Aujourd'hui, aller et retour à Paris dans la journée pour le tournage d'une télé. TF1. « C'est quoi l'amour » sur les passions. On va présenter mon dernier livre, alors je suis contente, comme toujours lorsque je peux faire la promotion d'une de mes œuvres. Laissant de côté mes bonnes résolutions, je me convaincs que le titre de l'émission colle trop bien avec le thème de mon dernier bouquin pour que je fasse la fine bouche. Alors j'y vais en pensant que je ne devrais pas, que ce n'est pas sérieux quand on a un cancer, que ma chute m'avait avertie qu'il fallait me ménager, que l'émission n'est peut-être pas très sérieuse, qu'on va encore me reprocher de faire du « grand public »...

Mais j'y vais avec plaisir car, en fait, j'adore les tournages de télé. J'aime l'ambiance, les lumières, l'excitation, les témoins et leurs histoires. C'est toute une aventure, des rencontres, du stress, des rires. Moi qui ne me maquille pas dans la vie quotidienne, je jubile de me voir transformée sous les mains de jeunes, jolies et talentueuses maquilleuses qui réussissent à me rendre photogénique. Je m'amuse du phrasé parisien des jolies filles qui préparent les fiches de la présentatrice, de leur minceur, de leur jeunesse, de leurs chaussures, de leurs préoccupations shopping...

Elles proviennent d'une autre planète, urbaine, parisienne et pressée, où l'on déjeune d'une feuille de salade, de sushis et d'un yaourt, où l'on considère le 42 comme une grande taille, où l'on se lève avant le jour pour prendre un métro puant, où l'on fait semblant de sourire alors qu'on crève des mille soucis de la vie quotidienne.

J'ai habité cette planète. J'ai eu trente-cinq ans et porté des jeans taille 40, mangé des salades sans vinaigrette, me levant tôt pour courir dans les transports en commun, rentrant hagarde de fatigue. J'ai partagé la vie de ces jeunes femmes. Je les regarde donc avec tendresse.

Aujourd'hui, elles ont l'âge de ma fille. Et je suis heureuse que cette dernière ait choisi une autre voie pour vivre sa vie de trentenaire.

Mon cancer secret

En les voyant s'affairer, je suis contente d'avoir mon âge et surtout d'avoir choisi la vie que je voulais avoir. Je pense à mes bois, mes promenades, mes champignons. Je ne leur dis pas que couve en moi le cancer qui me fait penser à la mort. Je souris. Elles sont gentilles avec moi, me posent des questions dont elles n'attendent pas la réponse. Sauf lorsqu'il s'agit du bébé qui pleure la nuit, du petit qui fait des caprices, d'un conseil lu sur le Net, de la maladie d'une mère. Là, elles écoutent. Anxieuses. Une partie de leur cœur est restée loin d'elles. Ce sont des filles, des femmes, des mères. Malgré leur tour de taille minuscule et leurs seins gonflés, elles sont comme moi, comme nous, elles aiment et sont souvent coupées en deux.

Elles écoutent, graves, et sursautent car leur portable sonne. Et elles partent en courant, toujours pressées.

À la télé, tout le monde est pressé. Tout le monde est gentil et compétent. Journalistes, maquilleuses, présentatrices, coiffeuses, pour la plupart des femmes, elles sont terriblement jeunes, gentilles, pressées et terriblement minces. Sur le plateau, c'est plus technique, plus masculin. Les techniciens sont adroits, débrouillards, bourrus, sympas, astucieux, et merveilleusement gentils. Pour qui n'y vient pas trop souvent, la télé c'est un monde enchanté, pressé, aimable et incroyablement compétent.

Ce jour-là, les témoins sont particulièrement vivants et émouvants. On sympathise. Ils me prennent en photo. De retour chez moi, j'examine celles que j'ai reçues sur mon ordinateur. Une horreur, je suis terriblement grosse. Ma poitrine est énorme. Je regarde mes seins en pensant aux cancers qui couvent dedans.

Ce jour-là, je ne sais pas que c'est ma dernière télé avant longtemps, mais je sais que j'ai un ou deux cancers. C'est mon secret. Pas pour longtemps, mais c'est encore mon secret.

41

La folie du tricot

Une envie soudaine

Dans trois jours, rendez-vous pour les biopsies. Sans faire le lien, je décide de me remettre au tricot. Cela me prend comme une urgence, une nécessité. Une impulsion féroce.

Dans le grenier, dans une malle, je retrouve un sac dans lequel attendent depuis longtemps les restes d'une époque lointaine où la folie du patchwork m'avait saisie. Je me souviens d'avoir acheté un stock de laines vertes, roses, ocre et brunes et d'avoir tricoté quelques plaids. C'était simple et à la portée de mes médiocres talents : des carrés de couleurs différentes qu'il me suffisait ensuite d'assembler. Car, c'est évident, je ne sais pas bien tricoter. D'abord, je tiens très mal mes aiguilles. L'une est serrée sous mon bras et offre ainsi peu de mobilité, quant à l'autre, elle tend à glisser et à me faire perdre pas mal de mailles. En plus, non seulement je ne sais pas faire les diminutions, mais je tricote lâche avec des trous.

Donc, je tricote moche. Et pourtant, j'aime ça. Ou plutôt, parfois j'en ai besoin. Par périodes, je me précipite sur des aiguilles et entreprends une écharpe ou une petite couverture. Des choses simples que je ne réussis pas très bien pour autant. Aujourd'hui, c'est parti. Il me faut tricoter.

Comme l'affaire m'intrigue, et que je ne vais pas me mettre à tricoter sans savoir ce que je mijote, ou du moins tenter d'en deviner quelque chose, je m'efforce de retrouver à quelle occasion ma dernière folie tricoteuse s'est manifestée. Pas difficile, je me souviens des quelques clichés qui avaient immortalisé l'événement. Je m'en vais farfouiller dans le carton où s'entassent mes vieilles photos. Et j'y trouve celles qui vont me parler.

Il suffit d'un regard pour comprendre que seule une rage secrète pouvait m'inciter à saisir de grandes aiguilles et à les tenir ainsi, de façon si ostensiblement agressive. Certes, à cette époque, je n'avais rien aux seins, pourtant à me voir ainsi armée de ces deux aiguillons, il saute aux yeux que je protège quelque chose. Quelque chose de personnel, d'intime et d'affectif. Et bien sûr, je me souviens.

Armée de mes aiguilles

À l'époque des photos, comme aujourd'hui, je traverse une épreuve personnelle. Le genre qui fait mal. Alors pour m'armer de patience, je m'arme d'aiguilles. Je me hérisse, me barde d'aiguillons d'acier, pour qu'on ne vienne pas me blesser. J'enfile mon armure psychique pour aller au combat. Si j'en avais le talent, je me tricoterais une cotte de mailles. Mais c'est inutile, il y a bien longtemps que je m'en suis vêtue.

En fait, c'est une manière de dire : Ne vous approchez pas, je fais route toute seule. Je suis une solitaire, une marcheuse des bois. Une de ces femmes qui se battent seules lorsqu'il s'agit d'affronter leur destin et qui ne s'associent que pour prêter main-forte à quelqu'un d'autre. Je suis solidaire des autres, mais n'attends pas qu'on soit solidaire pour moi. C'est aussi une manière de dire : Ne vous approchez pas, je suis armée, mes aiguillons sont sortis, qui s'y frotte s'y pique. Je ne me laisse pas atteindre facilement.

La vie m'a bousculée assez précocement pour m'apprendre à me défendre toute seule, sans jamais attendre des autres la promesse de la moindre protection.

Dans trois jours, les biopsies. J'ai autant peur de la douleur que je crains le verdict qui va s'ensuivre. On va me trouer la peau avec des trocarts, et je sais que cela fait mal. On va me trouer le cœur avec un diagnostic, et je sais que cela fait mal.

Tricot cadeau

Le pire, c'est que je suis incapable de tricoter pour moi. Il me faut un destinataire, une adresse. Il faut que mes tricots soient des cadeaux. C'est désolant, car ils ne sont pas beaux, mais je suis confrontée à une double contrainte, celle de tricoter et celle d'offrir. Toutes deux me tiennent désespérément à cœur.

Aujourd'hui, c'est facile, la victime est toute trouvée, je vais faire une écharpe pour Léonie. Son autre grand-mère est une fée créatrice, une de ces femmes aux mains magiques qui savent autant cuisiner que broder. Elle a donc fourni les jolies choses colorées et duveteuses qui font rêver les futures mères et grands-mères et dont je suis tout à fait incapable.

Aujourd'hui, par chance, la petite a grandi, je peux donc épargner à ma fille les tricots et autres chaussons de la layette. Par chance également, sévit actuellement la mode des longues écharpes tricotées main, mon œuvre pourra donc peut-être donner l'impression d'avoir été conçue et réalisée selon un modèle. On pourra même supposer qu'elle provient d'un magasin… Je rêve, car je sais qu'elle sera assez moche pour que personne ne soit dupe. Mais rien n'y fait, je ne peux renoncer à mon projet. J'y vais.

Je coince les aiguilles contre ma poitrine et je me mets à tricoter des heures durant, jusqu'à ce qu'arrivent fatigue, nuque raide et dos las. Léonie a droit à deux écharpes, une rose et beige et une vert et brun. Le genre de truc qu'on s'enroule plusieurs fois autour du cou et qu'on peut perdre dans les cours de récréation ou oublier n'importe où.

3

Quand le doute n'a plus cours, la confirmation
Un pied sur terre

L'épreuve décisive des biopsies

Peur d'avoir mal

Il y a quelques années, mon sein droit présentant une ombre suspecte à la mammographie, on m'a fait une biopsie. Celle-ci fut réalisée pendant l'échographie, sans que je m'y sois réellement préparée. Ce fut brutal. J'en garde un souvenir cuisant. Une douleur fulgurante qui transperce le sein et dont le souvenir ne part pas de sitôt. L'idée qu'une grosse aiguille, un trocart, traverse à nouveau la chair dense et tendre de mes seins me fait frémir.

D'autant qu'ils sont devenus énormes depuis que j'ai arrêté le traitement hormonal de substitution. Une priorité quand on suspecte un cancer du sein. Stopper tout arrivage d'hormones supplémentaires, en attendant d'en bloquer toute production naturelle. Ne pas nourrir le cancer d'œstrogène ou de progestérone, qu'ils soient de synthèse ou issus des plantes. Ni THS ni soja. Résultat, à cause du cancer ou à cause des hormones dont je suis privée, mes seins sont énormes et le gauche est particulièrement lourd, gonflé, pesant même, presque douloureux.

Ma gynéco me prescrit des doses d'homéopathie* pour me préparer à la blessure du trocart et éviter les hématomes. Avec son accord, et celui du chirurgien, j'ajoute un comprimé de Lamaline, l'antidouleur que j'ai apprécié lorsque je me suis fracturé les côtes. Cet analgésique contient de la morphine associée à du paracétamol, un dosage qui me permet d'aller au combat sans trop d'appréhension. Les seins lourds mais le cœur presque léger.

Rendez-vous en radiologie

Rendez-vous donc dans le service de radiologie de l'hôpital. Un vaste sous-sol assez lumineux et bien aéré. Malgré la pression d'une angoisse qui ne veut pas se déclarer, j'attends calmement. Il faut dire que Pierre m'accompagne, c'est le meilleur des anxiolytiques que je connaisse. Il est rassurant et attentionné, tendre, prévenant. Presque de quoi se réjouir d'être malade !

Pendant l'échographie et les biopsies, on m'invite à me détendre. Bien allongée sur la table d'examen, je m'efforce de ne pas penser à la douleur du trocart, de faire le vide dans ma tête. Me laisser faire. Ne pas me crisper. Ne pas résister.

Pour favoriser cette détente, je me fais un petit cinéma. Rien de plus efficace que d'imaginer un coin tendre et doux et de m'y projeter. Je me transporte donc dans mes sous-bois chéris, me promène mentalement dans ma clairière préférée, là où je vais si souvent rêver. Disparaissent donc blouses blanches, trocarts et appareils échographiques, je revois la lumière qui clignote dans les branches, les fougères tendres et rousses qui roulent sous le vent. Je sens l'humus et j'entrevois ici et là la chair nacrée d'un pied-de-mouton ou le bouton d'or d'une girolle. C'est magnifique.

Et ça marche. La douleur est supportable. Les biopsies piquent et brûlent, mais ne me font pas hurler.

De retour chez moi, malgré l'homéopathie et la morphine, j'ai mal aux seins. Je suis comme meurtrie. Ma chair a été blessée. Et moi aussi. En me trouant la mamelle, les trocarts ont fait intrusion dans la tendre et précieuse matière intime de ma féminité. Ils l'ont fait pour mon bien, pour cueillir au cœur de mon sein les cellules en question et leur faire avouer leur malignité. Une bonne cause, un mauvais moment. Le sentiment d'avoir été un peu violentée.

Hélas, la longue série de violences intimes que le cancer va me faire subir ne fait que commencer. Après les palpations diverses, les mammographies, les échographies, avant les opérations, les massages, les drainages, la pose de la chambre implantable*, les chimios et les rayons, les biopsies marquent indubitablement une étape dans le dessaisissement que la médecine va opérer sur mon corps de femme. Un véritable hold-up, une attaque à main armée... à mains armées.

Un gros chat grin

En attendant les résultats, la vie continue. Je décide de reporter ou d'annuler toute télé, radio, conférence ou rendez-vous à Paris, qui m'occasionnerait la fatigue d'un long voyage en train. J'ai mal aux seins. Et j'ai besoin de me concentrer sur ce qui m'arrive. Sur ce cancer que j'ai accepté si vite et avec lequel il me faut faire connaissance. D'avoir ainsi écarté les occupations extérieures me donne beaucoup de temps pour moi. Du jamais vu dans ma vie surchargée d'occupations professionnelles. Je prends donc le temps non seulement d'aller dans les bois me promener calmement en laissant mes pensées dériver, mais aussi de lire, de regarder la télé l'après-midi. C'est confortable. Je dors bien. Mieux que d'habitude. Une vie un peu ralentie. Sans douleur et sans grosses angoisses. Une espèce de parenthèse dans ma vie trépidante. Une parenthèse d'attente que je ne surcharge pas d'angoisses.

Que se passe-t-il pour que je ne me ronge pas ? Moi qui déteste l'attente, pourquoi suis-je si sereine ? C'est que je sais bien ce qu'on va me dire. Ou du moins, je le crois. J'ai un cancer, c'est certain, j'attends seulement qu'on me dise sa taille et sa position exacte.

De temps à autre, une grosse bouffée me fait bâiller. Mes yeux s'humidifient. Je pense que je vais pleurer, mais non, ce n'est qu'un gros bâillement. En fait, la période est douce. Comme anesthésiée. Je vais bien. J'attends de savoir comment va mon cancer. Je sais qu'il est là.

Un matin, je me réveille toute pleine d'un rêve triste. Un gros chat, comme l'un des miens, m'avait tenu compagnie avec une douceur mélancolique très marquée. Il n'était pas tout à fait gris. J'en parle à Pierre : « J'ai rêvé d'un gros chat grin. » Mon lapsus est si joli que j'en pleure presque. D'attendrissement.

Les résultats tant attendus

Le compte rendu

Biopsie du sein gauche et biopsie du sein droit

Au niveau du sein gauche, il s'agit de trois carottes biopsiques mesurant 1,2 et 0,6 centimètres. Au niveau du sein droit, il s'agit d'une carotte biopsique de 0,7 centimètres, et de huit prélèvements biopsiques dissociés.

Histologie

On retrouve à gauche la présence d'une infiltration maligne dont les caractères sont ceux d'un adénocarcinome canalaire infiltrant*. À noter la présence d'une composante tumorale intracanalaire *in situ* de grade intermédiaire, d'architecture massive et microglandulaire.

Au niveau du sein droit, on reconnaît là encore une prolifération tumorale maligne dont les caractères sont ceux d'un adénocarcinome canalaire infiltrant.

Récepteur hormonaux

Une étude immunohistochimique complémentaire du carcinome mammaire infiltrant est effectuée sur coupes en paraffine avec les anticorps. Antirécepteurs aux œstrogènes : marquage positif sur 100 % des éléments tumoraux, à droite et à gauche. Antirécepteurs à la progestérone : marquage positif sur 100 % des éléments tumoraux, à droite et à gauche.

Conclusion

Sein droit et sein gauche : biopsie sur adénocarcinomes canalaires infiltrants. Le prélèvement à gauche reconnaît une composante tumorale carcinomateuse *in situ*, massive et cibriforme de grade intermédiaire. Le grading est à prévoir sur les prélèvements de l'exérèse. Récepteurs aux œstrogènes, positifs ; récepteurs à la progestérone, positifs. ADICAP : PH A7B2.

J'ai deux cancers

Tout est dit. Plus de doute ni de possible. J'ai deux cancers. *Bing*. Tous deux infiltrants. Re-*bing*. Canalaires et intracanalaires. *Bang*. Dont l'un semble sévère. *Bing*. *Bang*. *Bong*. Touchée.

Même pas surprise. Comme si l'avancée dans le pire ne pouvait s'arrêter. Comme si j'étais entrée dans l'inéluctable et que rien ne pouvait interrompre mon chemin.

Même pas triste. Je pense à mon gros chagrin comme à un ami, mais je n'éprouve pas le besoin de gémir, de me plaindre ou de pleurer. Je le pense, le ressens, mais ne le pleure pas.

Je comprends aussi que la mesure de ces deux cancers, d'égale taille, autour de deux centimètres, exclut la chimio préalable. Le gauche est moins gros que prévu. Youpi ! La chimio et son halo de nausées s'éloignent. Je vais tout simplement subir l'ablation de deux petites tumeurs, une à chaque sein. Pas de panique. C'est tout simple. C'est du moins ce que je crois comprendre à la lecture du compte rendu.

Je suis donc un peu rassurée. Et je me trompe beaucoup. J'ignore encore que le cancer gauche va s'avérer bien plus étendu que ce que la mesure laissait penser, qu'on devra donc m'enlever tout le sein, que tous les ganglions de l'aisselle gauche seront atteints avec les conséquences qui s'ensuivront. Je ne sais encore rien des chimios, des rayons, des douleurs et des malaises qui vont m'accompagner des mois durant. Si je l'avais su, aurais-je été aussi sereine ? Impossible à savoir. Ce qui est certain c'est que l'annonce des deux cancers me surprend tout de même un peu. Depuis la mammographie, et malgré la réalité objective de la notation : ACR5 bilatéral, je vis avec l'idée d'un cancer au sein gauche et le pressentiment de devoir bientôt disparaître. À aucun moment, je n'ai eu la moindre intuition d'un autre cancer à droite. D'égale importance selon les mesures des biopsies. C'est fou tout de même les prémonitions, intuitions et autres pressentiments, notre inconscient ne nous laisse deviner que ce qu'il veut. Ou qu'il peut.

Moi qui vivais avec un gros sein lourd et douloureux, cancéreux, je me retrouve avec deux seins cancéreux dont l'un ne me fait pas mal. Étrange impression d'avoir été leurrée par mon intuition, bernée par ma folle du logis préférée, mon imagination.

Il s'agit maintenant de passer à l'action

Deuxième rencontre avec la chirurgie

Nouveau rendez-vous avec le chirurgien. Pierre m'accompagne. D'emblée j'explique ce que j'ai compris à la lecture du compte rendu de l'anatomopathologiste, lui facilitant la tâche, lui épargnant d'avoir à assourdir ses coups. Il n'a pas besoin de ménager ma peur, il peut y aller carrément pour m'annoncer la mauvaise nouvelle. J'ai compris. Deux cancers pas trop gros. Infiltrants. Sérieux. Deux adénocarcinomes canalaires et intracanalaires infiltrants. Deux petits cancers d'environ deux centimètres, voilà ce que j'ai compris. Il nuance un peu sur la mesure exacte d'une tumeur qu'on ne découvre qu'au moment de l'opération. Mais j'écoute à peine. Je m'accroche à l'idée de deux petits cancers, et j'ai du mal à entendre autre chose.

Il est surpris, me dit-il, de voir mon assurance et ma décontraction. Nous parlons clairement. Je me sens bien. Maîtresse de la situation. Deux cancers. Deux opérations. Il insiste, quitte à modérer ma sérénité, et explique que l'examen clinique fait penser que le cancer gauche semble plus développé que ce qu'indique la mesure biopsique. Il évoque la possible ablation du ou des mamelons et me demande mon accord pour une éventuelle mastectomie*. En effet, en ouvrant, l'étendue de la tumeur peut être telle que le chirurgien doit renoncer à sauver le sein.

Je donne immédiatement mon accord, car je suis prête. Et selon ma conviction, n'est prête à rien qui n'est prête au pire.

Une mastectomie possible

Il explique la méthode du ganglion sentinelle* que l'anatomopathologiste examinera de plus près après l'opération. Et qui pourra donner lieu à une nouvelle opération pour curage* ganglionnaire plus ou moins complet dans les quinze jours qui suivront, le temps d'analyser le contenu des deux tumeurs.

Je comprends tout, j'accepte. Nous échangeons sur les cancers du sein, leur augmentation, les progrès impressionnants des guérisons, la chimio qui est inévitable après l'opération, étant donné la taille de mes tumeurs (petites mais supposées faire plus de deux centimètres).

Je pose quelques questions, j'écoute attentivement. Il me fait un dessin, un premier grand cercle ouvert vers le haut, le sein, avec un petit rond central, le téton, puis un autre à côté, identique ; ensuite il place des larges croix, en bas à gauche du téton droit, en haut à gauche du téton gauche, mes cancers. Il signale la rétraction mammaire du téton gauche.

Pierre me dit ensuite que j'aurais pu attendre pour autoriser cette ablation de mes seins. Prendre un peu le temps de me familiariser avec cette éventualité. Ne pas me précipiter pour tout accepter. Il a raison, mais le cancer dans ma tête est en avance sur celui de mes seins. Je suis prête à tout. Alors, pourquoi attendre ? Je sais bien qu'on ne va pas m'enlever le sein pour le plaisir ou par commodité. S'il faut que l'ablation soit totale, qu'elle le soit.

Je ne sais pas qu'elle le sera.

La surprise, c'est qu'à aucun moment je ne pense à la mort. Ni aujourd'hui devant le chirurgien, ni hier en déchiffrant le compte rendu de l'anatomopathologiste. Depuis que j'ai reçu ces résultats, je suis entrée dans la phase concrète du cancer, celle de la réalité d'une maladie qu'on peut combattre. Mes fantasmes de mort disparaissent totalement. J'ai deux cancers à soigner, pas le temps de penser à autre chose… Pas le temps de penser à la mort.

4

L'opération du cancer du sein
La réalité me rattrape

La scintigraphie

Médecine nucléaire

Avant l'opération, je dois passer une scintigraphie* qui détectera les ganglions axillaires de mes deux seins et me préparera à l'opération dite « du ganglion sentinelle ». Pierre m'accompagne dans le service de médecine nucléaire où l'on va m'injecter un drôle de liquide bleu. Même cérémonial ici qu'ailleurs, se présenter à l'accueil, donner son nom et sa date de naissance, attendre gentiment dans une salle claire où s'entassent de vieux magazines féminins, se lever à l'appel de son nom. Les gens en blouse blanche sont souriants. Les autres sont soucieux.

Entrée dans une grande salle claire. On me dit d'ôter le haut et d'enfiler une espèce de tunique en papier d'un joli bleu fade. On m'allonge sur un lit métallique pour me piquer les seins. Rien à voir avec les biopsies, on me montre les aiguilles, toutes fines. Cela me rassure.

Comme d'habitude, je suis sereine et je m'efforce d'être gentille, coopérante, facile à soigner. La surprise, c'est que j'ai froid. Moi qui suis du genre réchauffé et qui bénéficie d'un renfort de bouffées de chaleur depuis que je n'ai plus de traitement hormonal de substitution, je me gèle littéralement. Je grelotte pendant qu'on me pique les seins. Ça me fait bizarre. La salle n'est pas très chauffée, c'est peut-être le côté nucléaire qui veut ça. C'est clair, bleu glacier, aéré et glacé.

Ensuite, je me rhabille. Il faut attendre deux heures pour que le produit bleu se diffuse dans mon organisme, le long des chaînes ganglionnaires, je crois. Ce qui devrait permettre au chirurgien de repérer les ganglions sentinelles qu'il devra m'enlever pour les faire examiner.

Mise en attente encore une fois

Deux heures à attendre. Nous décidons d'aller au bord de la mer, ce n'est pas loin, à deux kilomètres de la clinique, nous avons largement le temps d'y aller, de prendre l'air et de revenir. Mais je n'ai pas envie de marcher, ni même de sortir de la voiture. Je suis comme engourdie. C'est, je le suppose, une de mes défenses contre l'angoisse, contre l'attente. Rien ne me semble pire que de devoir être passive et dépendre des autres ; de leur compétence, de leur organisation. Attendre, être patiente. Je ne sais pas le faire. Il va falloir pourtant que je m'habitue. Dans l'aventure qu'est la maladie, on ne dirige pas grand-chose. Sans jeu de mots, quand on est malade, il faut être patient.

Pierre se gare devant les rochers et nous restons dans la voiture, je m'endors en regardant les vagues. Pierre me regarde dormir. Je sens son regard alors que je me laisse porter vers le sommeil et je le retrouve quand je m'éveille. Cinq minutes. Ma sieste a été courte, mais douce.

Retour dans le monde nucléaire. Il fait toujours aussi froid dans la salle d'examen. Je m'installe sous l'appareil et les manipulateurs vont se cacher derrière leurs grosses machines.

À droite, le liquide bleu a fait son boulot, les ganglions sont bien visibles me dit-on. Ceux de gauche au contraire ne le sont pas. Cela ne veut rien dire, m'assure-t-on. Ce n'est pas un indice de gravité. Je les crois. Je ne mets jamais en question la compétence des gens dont je dépends. Je ne peux me permettre le luxe de douter de leur savoir-faire puisque je n'ai aucun moyen de le contrôler. Inutile de me faire peur pour rien. Si on me dit que c'est normal, c'est normal.

L'opération chirurgicale

L'hospitalisation

Nous prenons le chemin de l'hôpital, direction le service de chirurgie obstétrique. Je suis hospitalisée aujourd'hui pour être opérée demain. Pierre m'accompagne jusqu'à la chambre. J'ai une chambre seule (génial) minuscule (cela m'est égal). En fait, son exiguïté ne me gênera pas beaucoup car je n'aurai d'autres visites que celles de Pierre, mais elle rendra le travail des soignants fort difficile. Il faut fermer la porte des toilettes pour laisser entrer le chariot et ouvrir en grand celle de la chambre pour qu'il puisse sortir.

Pierre et moi commentons les pénuries du monde hospitalier mais sans nous attarder. Nous parlons un peu et je lui demande de s'en aller. Inutile de prolonger les effusions, ni d'engager une nouvelle conversation. Nous avons déjà parlé de tout. Il sait que je pense possible de ne pas me réveiller de l'opération, que j'en ai accepté l'hypothèse. Il sait aussi que je suis prête à affronter le verdict du réveil. Un ou deux seins en moins. Du moins, que je me crois prête et donc que je m'efforcerai d'assurer. De toute façon, il a confiance en moi et me sait forte. Quant à moi, inconsciente ou merveilleusement sage, j'ai confiance en moi également.

Douche et shampoing à la bétadine ; repas léger ; plus de boisson à partir de minuit. L'opération est prévue assez tôt dans la matinée. Tant mieux, j'aurai moins à attendre. Je m'endors assez paisiblement. L'hôpital, tout autour de moi, pulse comme une machine bien rodée. Je n'entends rien mais je sens comme une tension, une vigilance qui me rassure. Autrement dit, j'ai confiance dans la machine médicale et chirurgicale à qui je confie une part importante de ma féminité.

Le réveil

Au réveil, je touche ma poitrine. Pas d'erreur possible. Sous le grand pansement, ma poitrine est bien plate à gauche. Je n'ai plus qu'un seul sein.

Une espèce de grand vide me prend la tête. Irrémédiable. Je me rendors sans penser à rien.

Le chirurgien vient me voir dans l'après-midi. Il me dit m'avoir enlevé la totalité du sein gauche à cause de l'étendue de la tumeur. Six centimètres. Ainsi que la totalité des ganglions de la chaîne, un curage axillaire complet.

À droite, il n'a enlevé que le cancer et prélevé le ganglion sentinelle. Il semble s'excuser. Je le rassure, je vais bien.

Dans mon brouillard, je l'entends vaguement parler de six cures de chimiothérapie*, de six semaines de rayons. Il est gentil. Je le remercie. Je me demande bien pourquoi d'ailleurs. Pour m'avoir gardé un sein ?

Je vomis tout l'après-midi.

Qu'est-ce que je vomis en fait ? Ma bonne humeur ? ma docilité ? le destin ?

Les soins à l'hôpital

Feu mon sein, mon sein défunt

Une fois passés les vomissements du réveil, je prends mes marques. La perfusion enlevée, je peux me lever et marcher jusqu'à la salle de bain. Un pas suffit d'ailleurs pour franchir l'espace qui sépare le lit de la porte et je le fais courageusement.

Je suis très sensible à la gentillesse de tous les professionnels. Tous, médecins, infirmiers et infirmières, aides-soignantes ou personnel d'entretien, tous sont souriants, prévenants, gentils. Tout simplement gentils. On prend soin de moi. Des pansements aux repas, en passant par le ménage, je me sens dorlotée.

Personne ne parle de mon cher disparu. Le sein absent n'est pas là. Je n'y pense pas. On ne l'évoque pas. Feu mon sein est parti sans faire de manières. Son absence va pourtant occuper ma vie pendant quelque temps, mais pour l'instant je n'en sais rien.

En revanche, l'ablation de toute la chaîne ganglionnaire va avoir des conséquences sévères sur ma vie, et de cela, on me parle beaucoup.

On m'explique pourquoi on doit prendre ma tension à la cheville. On me dit qu'il va falloir faire très attention aux deux bras. Que le gauche ayant perdu la totalité de ses ganglions, il sera pour toujours fragile. J'encaisse sans trop comprendre. Pour toujours. Toujours ? Quand je pense que j'avais envisagé de ne pas me réveiller. Étrange impression. J'ai du « toujours » devant moi. Un toujours qui ressemble à un jamais et qui n'a pour l'instant pas plus de consistance. Jamais plus mon sein gauche, jamais plus mes ganglions. Toujours faire attention.

Parlons de la douleur

C'est formidable de pouvoir marcher aussitôt après une opération. Moi qui n'ai connu le bloc opératoire que pour des ouvertures verticales du ventre – césarienne et hystérectomie –, j'apprécie de pouvoir me lever du lit et de marcher sans être pliée en deux par une épouvantable douleur d'entrailles. Je serai d'ailleurs la seule du service de gynéco-obstétrique à m'aventurer hors de ma chambre. Je pense aux autres, qui restent alitées, à toutes celles qui souffrent derrière les portes closes, à toutes celles qui subissent les mutilations maternelles et féminines et pleurent en silence dans leur lit.

Par rapport au ventre, je trouve que le sein, c'est bien. Deux seins touchés font moins mal qu'un seul abdomen éventré. Je n'ai pas la moindre idée de ce que sera mon existence lorsque je serai sortie d'ici, mais pour l'instant, je trouve que le cancer du sein, ça va.

Pourtant, la douleur est là. Présente sans être envahissante. Elle revient régulièrement toutes les quatre heures. Cela me lance dans le sein gauche (je devrais dire à la place du sein gauche) et sous les bras. Ce n'est pas insupportable, mais c'est une vraie présence. J'apprécie les petits cachets de paracétamol qui adoucissent mes mouvements. On me demande si c'est suffisant, je crois que oui. Ça peut aller. La douleur n'est pas trop présente. J'ai largement de la place dans ma tête pour penser. Et pourtant je ne pense pas à grand-chose. J'écoute de la musique. Je flotte dans une espèce d'irréalité. J'essaie d'intégrer doucement les nouvelles qui me parviennent et qui augurent pour moi d'une drôle de vie à venir. Borgne d'un sein. Avec peut-être des petites cellules malignes qui me courent dans le sang ou dans la lymphe...

Constat d'étape

En fait, après avoir erré dans le labyrinthe de celles qui attendent le résultat de leurs examens, qui doutent et qui espèrent, qui gèrent et qui prévoient, perdues dans les multiples ramifications qui permettent tous les délires, je suis arrivée au centre de la toile. Me voici donc dans le monde spécial des femmes qui ont un cancer du sein. Ou deux.

Jusqu'alors, je vivais mes fantasmes, mon imaginaire, ma mort probable, ma vie, mes peines. Les morts de ma famille, leurs cancers, leurs souffrances. Maintenant je suis au cœur du problème qui est le mien. Je dois affronter la réalité objective d'une maladie qui est la mienne. La réalité de mon sein amputé, de mes ganglions suspects, de mes cancers avérés. La réalité d'un programme de soin dont je mesure encore mal l'importance.

Il n'est pourtant question que de vivre avec un seul sein et l'absence de l'autre, un énorme pansement en travers de la poitrine, des drains, tout l'appareillage de l'opérée en attendant de me retrouver seule avec mon corps dévasté. Un constat tristounet qui ne me fait pas peur. Et qui n'est pourtant qu'un constat d'étape. Je suis à l'hôpital, bien protégée, je ne sais pas encore ce que je vais avoir à vivre.

Je me sens plutôt bien. J'ai de quoi faire. Un combat à mener. La petite douleur qui me tient compagnie toutes les 4 heures me rappelle que je tiens terriblement à la vie et que celle-ci me plaît bien lorsque je n'ai pas mal.

Quand la cicatrice parle

Ma gueule cassée

Deux tubes partent de mon immense pansement et vont remplir une petite bouteille avec une pompe douce qui aspire ce qui me semble du sang. On appelle ces drains des redons*, et le liquide rouge, c'est de la lymphe. Un mélange de lymphe et de sang j'imagine.

64

Une infirmière vient les vérifier régulièrement, mesurer la quantité de liquide et la noter. Cela semble important. On me prend la température, à l'oreille, la tension, au pied, et on me fait régulièrement des piqûres dans les fesses. Je ne pose pas beaucoup de questions. Pour l'instant, je ne pense pas beaucoup. Je me laisse porter. Je mange bien. La cuisine me semble bonne – comme toujours lorsque je n'ai pas à la faire –, je ne suis pas difficile. Je me laisse vivre. Je me repose, je reprends mon souffle. Tout va bien.

Tout va bien jusqu'au jour où l'on vient me refaire mon pansement. Je découvre alors ce que la mastectomie a gravé dans mon torse à la place de mon sein gauche. Une horreur ! Une énorme cicatrice me barre la poitrine, elle ressemble à une grosse bouche dentée (28 grosses agrafes) qui va de l'aisselle au sternum. Monstrueuse. Une balafre de corsaire, une marque de guerre. Je pense à 14-18. Aux gueules cassées. Aux tranchées. À mes grands-pères. La trace indélébile d'une amputation.

À droite, la cicatrice entoure délicatement le mamelon. Une attention qui me va droit au cœur, mais qui me semble bien dérisoire quand je vois le ravage qui a dévasté l'ensemble. L'incision de la mastectomie est oblique. Elle part du sternum pour remonter vers l'aisselle en formant une ellipse. Par souci esthétique, les chirurgiens évitent de couper trop haut dans le décolleté ou de déborder dans la zone centrale, entre les deux seins. Décidément, que d'attentions !

Les couleurs des nombreux hématomes se mêlent avec la trace bleue du produit nucléaire, mon torse semble être passé sous une voiture. J'ai tout d'une rescapée d'un violent accident. Corps abîmé, tatoué, torturé. Défiguré. Amputé.

Un petit coup de réalité

Là, j'accuse le coup. Je pleure presque. En tout cas, je suis sonnée. La cicatrice me plonge dans une réalité qui ne m'avait pas encore tout à fait pénétrée. Je suis anéantie. Presque en état de choc. Comme si mon corps venait de prendre la mesure de ce qui m'arrive et que moi, du coup, je commençais aussi à comprendre. Je me sens mal. Perdue et abîmée. Amochée. Pour toujours.

Je me sens un peu perdue dans mon corps, comme si son aspect physique extérieur me disait quelque chose des larmes que j'aurais dû verser, comme si la trace de mon défunt cancer – puisqu'on me l'a enlevé, je ne l'ai plus – me signalait la force d'une maladie que je n'ai pas eu le temps de vivre. Je n'en vois que la trace. Et c'est moche. Et c'est définitif. Je sais que les couleurs s'estomperont, que les œdèmes se résorberont, que la cicatrice pâlira, mais je sais que jamais mon sein ne reviendra. Je sais qu'on reconstruit, qu'on répare, mais cela n'a rien de rassurant pour l'instant.

Je n'ai plus de cancer, peut-être, mais je n'ai plus de sein gauche, c'est certain. Le cancer ne se voyait pas, le sein manquant se voit. Je suis un peu perdue entre ce qui se vit et ce qui se voit, ce que j'ai craint et fantasmé et contre quoi je me prépare, et ce que je vois dans le miroir, qui ne se laisse ni fantasmer ni maîtriser. Tout cela tourne dans ma tête. Je ne suis pas bien du tout.

Le lendemain, ça va mieux. Les redons donnent toujours de leur drôle de jus. Je réussis à mettre les flacons dans les poches de ma robe de chambre et je vais me promener dans le couloir. Au début je chancelle un peu puis

66

mon pas prend de l'assurance. C'est comme un sentiment de liberté. Dans un cadre protégé. J'oublie les vilaines cicatrices et je me concentre sur ma joie de pouvoir marcher, de me déplacer même avec des petits vertiges dans la tête. L'instant seul compte. On verra plus tard pour la suite.

Un cancer, ça se gagne à petits pas.

L'œdème pectoral

La peur du gros bras

Ce matin, on vient m'enlever les redons, les deux drains qui évacuent la lymphe et permettent de diminuer l'œdème causé par l'opération. On me dit que mon pectoral va désenfler, que les hématomes changeront de couleur plusieurs fois avant de s'estomper et de disparaître. On me dit de faire très attention à mon bras gauche, privé de la totalité de ses ganglions, il est très vulnérable aux infections et ne peut plus faire d'effort. On me remet des brochures qui expliquent toutes les précautions à prendre pour éviter le lymphœdème* car une fois qu'il est installé, il ne peut plus partir. C'est le « gros bras* ».

Le gros bras, voilà l'ennemi. Le gros bras, ma grosse peur. J'ai une vision épouvantable des femmes rencontrées jadis, avec un bras énorme, déformé, éléphantesque. Comme si ce cancer me propulsait définitivement dans le camp des vieilles femmes monstrueuses, définitivement défigurées par la vie, par sa violence et les multiples agressions qu'elle inflige à nos corps de femmes. Le gros bras, c'est la vision d'une féminité torturée, d'une maternité difforme, de l'épouvantable marquage des années.

Le vertige qui m'a prise en voyant ma cicatrice revient. C'est donc vrai. C'est ma réalité : un sein en moins et une vie ralentie par la peur d'avoir un gros bras ! Comme s'il fallait que je m'installe dans la maladie sans espoir d'en sortir. Comme si le cancer entrait dans ma vie par la porte de sortie et que sa disparition causait plus de dégâts que sa présence. Une fois encore, et ce n'est pas la dernière fois, je suis déroutée par cette maladie, silencieuse avant d'être dépistée, discrète avant d'être soignée, compliquée pendant les traitements et blessante longtemps après.

Les paroles rassurantes sont loin de m'apaiser, car s'il suffit de faire attention pour éviter le drame, comme vais-je faire, moi qui ne sais pas faire attention ? Faire attention à moi, quelle bonne blague !

Un coup de panique

Je m'endors légèrement inquiète et me réveille en sursaut au premier passage infirmier. Sous mon bras gauche, une boule s'est formée. Je panique. Ça y est, j'ai le gros bras. J'ai appuyé sur mon bras dans la journée, pour sortir de mon lit par exemple, c'est peut-être trop. Toute la nuit, je surveille ma grosseur. Impossible de dormir. Une nuit d'angoisse. Au matin, dès la visite, on me rassure, c'est normal. On m'a enlevé tous les ganglions axillaires gauches, la lymphe s'accumule donc. Normal. C'est normal. C'est un amas de lymphe. Un lymphocèle et non un lymphœdème*.

68

Je suis rassurée, si c'est normal, ça va. « C'est normal » : en général, c'est la formule magique qui me permet de tout supporter. Si c'est normal, la gêne est supportable. Si c'est normal, je dois calmer mon angoisse. Si c'est normal, la douleur elle-même doit trouver apaisement. Si c'est normal, je dois trouver le moyen de faire avec ce qui m'arrive. Si c'est normal, la balle est dans mon camp. À moi de faire.

Donc, je fais. Pour l'instant, je commence par faire de petits exercices pour éviter que le bras ne s'ankylose ; je lève le bras en arrondi au-dessus de ma tête. J'y vais doucement, quelques étirements légers et j'arrête. Essoufflée, fatiguée. Pour me reposer, je relis les conseils qui devraient m'épargner le gros bras. Ne rien porter de lourd. Ne pas faire d'effort ni soulever, ni pousser, ni tracter. Porter des gants pour la vaisselle et le jardin, la moindre écorchure pouvant s'infecter. Faire attention au feu, aux griffes des chats. Ne plus jamais prendre la tension ni faire une prise de sang.

Et faire plus tard un drainage lymphatique pour aider à résorber l'œdème qui peut s'installer. L'œdème ordinaire. Le normal. Le lymphocèle. Celui que j'ai. Pas celui du gros bras, car celui-là ne part pas. Jamais.

Ma chance, c'est qu'à droite, on ne m'a enlevé que le ganglion sentinelle et qu'il ne semblait pas atteint, on n'a donc pas touché le reste de la chaîne. Certes, il faut attendre le résultat des analyses de ce ganglion, mais on peut supposer qu'on ne sera pas conduit à me rouvrir pour un curage ganglionnaire droit comme on l'a fait à gauche.

Comme je suis droitière, je pourrai bientôt me servir de mon bras droit normalement. Je suis une petite veinarde.

69

Sortir de l'hôpital

Je sors demain

Une infirmière me montre les prothèses mammaires externes*, en silicone, qui sont vendues dans les magasins pour pallier le sein manquant. C'est une femme particulièrement douce et attentionnée, qui parle gentiment sans me brusquer. Je ris comme d'habitude et soudain, en touchant la matière tendre et souple de la prothèse, les larmes me viennent.

Choc. Un contact lisse, presque soyeux, une matière fine et dense, comme une peau. Agréable au toucher. Et je pleure. Trois larmes, mais de vraies larmes et un vrai chagrin dans le cœur. Toucher la prothèse, comme voir la cicatrice, c'est soudain entrer dans le vif du sujet, dans la chair de mon cancer. Imparable rencontre.

Pour moi qui ris, qui plaisante, qui prends les choses avec philosophie, calme, qui respire à fond chaque fois que je dois être piquée ou que j'attends ou entends une mauvaise nouvelle, il faut un contact charnel, matériel pour m'ébranler.

Ici, à l'hôpital, protégée par les soins et les attentions de tous, c'est le choc de la cicatrice et celui de la prothèse. Je suppose qu'il y en aura d'autres. La réalité se fraie une voie jusqu'à moi par l'intermédiaire de mes sens. Là où mon intelligence et mon imagination avaient supposé tout prévoir pour éviter l'angoisse, là où des mécanismes de défense rodés depuis l'enfance savent me protéger du chagrin, de petites choses, bien concrètes, incontournables car impossibles à éviter, à oublier, à transformer, viennent faire effraction dans mon système et réussissent à me toucher, à me blesser, à me faire souffrir, à me faire de la peine.

J'ai envie de rentrer chez moi

Un sein en moins, l'autre gonflé. Un bras vulnérable. Toute couturée. Toute pansée. Toute bizarre de penser à la suite. Les tumeurs dont je pressentais à peine l'existence m'ont été enlevées. On va me soigner tout de même car on ne sait pas si des cellules malignes ne sont pas parties coloniser mon foie ou mes poumons. On va me soigner pour empêcher la récidive de mes cancers du sein et la généralisation, les métastases dans tout mon corps. On va me soigner car on ne sait pas si je suis malade ou si je suis guérie.

Je sors de l'hôpital pour entrer dans le monde des paradoxes. Je suis maintenant officiellement suivie en oncologie. Officiellement traitée pour une maladie longue durée. Prise en charge à 100 % dès que mon médecin généraliste aura fait la démarche administrative de déclaration à la caisse de sécurité sociale. Cancéreuse. J'entre dans la longue maladie, dans la prise en charge longue durée d'un cancer qu'on vient de m'enlever. Drôle non ?

On m'a donné un aperçu du programme des réjouissances à venir : tout d'abord attendre le résultat de l'anatomopathologiste pour savoir l'état des ganglions prélevés, autant à gauche qu'à droite. Si le ganglion sentinelle du bras droit a été atteint, il me faudra revenir ici pour me faire à nouveau opérer : un curage ganglionnaire à droite comme celui que j'ai subi à gauche. Ça, je le crains beaucoup. Je me retrouverais alors avec la crainte de deux « gros bras ». Comme si on me coupait les bras en me coupant les seins. Je saurai également dans quel état on a trouvé les ganglions prélevés à gauche. Je sais qu'on en a ôté beaucoup – j'ignore encore qu'on les a tous enlevés –, ils vont être analysés et j'aurai alors de nouvelles nouvelles de mon cancer du sein gauche, des informations précises sur le type de cancer, son avancée, sa gravité. De toute façon, ce que je sais n'est pas très réconfortant. Il faisait six centimètres. C'est un gros. Un très gros même.

Premier pas dehors

Une journée magnifique. Ciel clair, vent frais, lumière vive. Je suis toute contente de retrouver ma maison, mes chats, et surtout de passer du temps avec Pierre en dehors de la chambre d'hôpital. Je suis contente et inquiète aussi, car je suis faible et j'ai mal. Mes seins sont douloureux – mes deux côtés sont douloureux devrais-je dire, mais je mettrai du temps à trouver comment nommer mon absence de sein. Sous leurs gros pansements, les deux cicatrices, la grande et la petite, me font mal. J'ai peur de me cogner. J'ai peur de me servir de mon bras gauche. Je me sens comme fragile, un peu effarouchée, presque vulnérable. Comme si le monde extérieur était dangereux. Comme si je me mettais potentiellement en danger en sortant dans la vie et dans la ville et en rentrant chez moi. C'est vrai que je me sentais bien à l'hôpital. J'y étais protégée ; on s'occupait de moi et je n'avais à penser à rien. Ni organiser, ni gérer, ni prendre en charge. Rien qu'à être une malade patiente. Une opérée docile. Et ça, j'ai très bien su le faire. Ce n'était pas difficile, tout le monde connaissait son travail et connaissait mieux ma maladie et même mon corps que moi. De retour chez moi, il va me falloir apprendre à vivre avec un corps un peu différent, une fatigue nouvelle, des angoisses encore inconnues.

Pierre porte mes sacs et m'accompagne avec délicatesse jusqu'à la voiture. Il a emporté un oreiller que je cale sur mon ventre pour amortir les cahots de la route et me protéger de la ceinture de sécurité.

Nous nous arrêtons au bord de la mer et marchons sur le sable, à la lisière des vagues. C'est magique. La mer est immortelle et se fout bien de nos petits soucis. Je marche comme une convalescente, toute précautionneuse, tout endolorie mais heureuse, terriblement heureuse. Je suis là. Les pieds dans le sable, le nez dans le vent. Je suis vivante. Et je rentre chez moi. La vie est là. Le sentiment de bonheur qui m'envahit n'a rien à voir avec le bien-être car j'ai un peu mal partout, ni avec l'espoir car je pressens que les jours qui suivent vont être durs, il tient tout simplement à la vie revenue, à la vie prolongée, à la vie qui n'est pas terminée. Ma vie tout simplement.

En reprenant la voiture, je découvre que je suis fatiguée. Les cahots de la route me font mal aux seins. Vertiges, petites nausées. Fatigue. J'oublie que je suis heureuse pour me sentir mal, très mal. La moindre secousse de la voiture me violente la poitrine et me fait presque venir les larmes aux yeux. C'est la fatigue. La balade au bord des vagues m'a rempli l'âme de joie, mais a puisé dans mon stock de ressources, je suis vidée. Pourtant, tout au fond de moi, le bruit des vagues me murmure qu'on va se revoir, que la mer m'attend, que je reviendrai bientôt renifler les embruns.

5

Retour à la maison
La réalité ne me lâche plus

Une première petite crise

Il est urgent de se faire plaisir

La maison m'a accueillie avec tendresse. Les chats semblent indifférents. Ils cachent leur joie de me revoir et vaquent à leurs occupations, mais je sais que je leur ai manqué. Comme j'ai dû manquer au canapé qui me tend les bras et dans lequel je m'écroule épuisée ! La vie de la maison me reprend, en douceur. Pierre est là, il s'occupe de tout. Je n'ai qu'à me reposer, ce que je fais.

Le lendemain, je veux lui faire plaisir en préparant un de ces petits plats dont j'ai le secret. Sans être du tout une « bonne cuisinière » comme l'étaient ma grand-mère et ma mère et comme l'est ma fille, je me débrouille toujours pour dégoter dans les placards ou le frigo de quoi faire un repas simple, original et économique. C'est mon secret, je sais accommoder les restes et faire avec les moyens du bord. Ce n'est pas de la grande cuisine mais c'est sympa, créatif et souvent agréable.

Je m'y mets donc avec entrain, toute contente de pouvoir faire quelque chose pour mon homme. Quelque chose dont je profiterai, moi qui suis bien plus gourmande que lui. Il débouche une bonne bouteille pendant que j'épluche les légumes ; nous sommes joyeux, heureux de partager des moments complices, comme avant.

La coupure !

Et soudain, drame : le couteau glisse et me coupe le doigt. L'index gauche. Une petite entaille minuscule qui saigne beaucoup. Un rien. Mais c'est la panique. Pierre se précipite sur le désinfectant pendant que le monde s'abat sur moi. Une coupure, la lymphe qui descend dans le doigt pour éviter l'infection et qui ne peut remonter faute de ganglions. Le scénario catastrophe qui me hante. Une coupure, c'est le gros bras !

Pierre me rassure. La coupure est minuscule, à peine une éraflure, la peau est partie, mais la chair n'est pas beaucoup entamée. Cela saigne mais c'est tout. Cela n'a rien à voir avec une vraie blessure, ce n'est qu'une petite égratignure comme je m'en fais constamment.

Je le sais bien. Et c'est ce qui me fait peur. Ce qui vient de surgir devant moi dans son absolue massivité, c'est le spectre d'une vie quotidienne handicapée. S'il me faut devenir prudente et pondérée, moi qui suis rapide, s'il me faut penser tous mes gestes, les ralentir, devenir lente, comment vais-je faire ? Si la cuisine telle que je la pratique, avec peu d'ingrédients, peu de manipulations, peu d'ustensiles, si même cette cuisine minimale devient « à risque », que va devenir ma vie ?

Peu de temps après, en savourant notre vin devant le feu, je me moque de moi. Tout un drame pour un bobo au doigt alors que j'ai deux cancers et un seul sein, c'est assez comique ! Je ris, mais je sais qu'il va falloir que je change un peu ma façon de vivre.

La vie quotidienne

Les prises de sang

En attendant de devenir plus posée et de mesurer chacun de mes gestes à l'aune du risque de gros bras, il me faut affronter et résoudre la question des prises de sang qui vont être nombreuses pendant quelques mois. Puisqu'on ne peut me piquer les bras, qui viennent tous les deux d'être opérés, l'infirmière doit trouver une veine au poignet droit ou à la cheville. Le moins qu'on puisse dire c'est que ce n'est pas facile pour elle et pas marrant pour moi. Ce matin, elle a dû me piquer le pied et cela fait mal.

En revanche, la piqûre quotidienne, dans le gras du ventre, est indolore (j'ai du bon gras, en quantité suffisante). Seule la prise de sang pose problème. Un souci, qui deviendra plus tard un vrai cauchemar lorsque je commencerai la chimio.

Pour l'instant, mon souci, c'est ma poitrine. À gauche, mon pectoral devient de plus en plus douloureux. Gonflé jusque sous l'aisselle. C'est comme si j'avais un gros muscle de lutteur d'un côté du torse et de l'autre un sein lourd et coloré. D'ailleurs, pour les couleurs, je suis servie. Sous les pansements, on devine des zones sombres où les bleus, les verts, les bruns et les briques se mêlent avec beaucoup d'harmonie. Mais ce qui m'embête, c'est que j'ai mal. Mon sein droit pèse une tonne. À croire qu'on ne m'a rien enlevé, mais qu'on m'a injecté du plomb pour remplacer la chair cancéreuse. Une drôle d'impression qui heureusement finira par s'estomper, mon sein droit prenant alors la triste mine d'un petit nichon assez vide, mais totalement inoffensif.

Je dors bien

Le jour, je me traîne un peu. Je bouge dans la maison presque comme une invitée en évitant de me servir de mon bras gauche et de me fatiguer. C'est assez facile, la maison est bien entretenue. Et mon pansement me rappelle à la raison, je sais que je ne suis pas encore tout à fait remise de l'opération.

La nuit, je dors comme un bébé. Un bébé langé serré comme une poupée russe. Pour éviter le gros bras, il me faut dormir les bras surélevés comme on me l'a montré à l'hôpital. C'est simple, il faut que je me couche sur le dos, et que je cale de chaque côté un coussin qui me soutient. Simple à installer. Pas terrible à vivre. Mais j'ai tellement mal aux seins (oui aux deux !) que je ne peux me tourner ni dans un sens ni dans l'autre. Les coussins me calent bien. Et j'arrive ainsi à dormir à plat sur le dos. Bien serrée entre mes coussins, immobile pour ne pas souffrir, comme un gisant ou une momie dans sa boîte.

Pierre a migré dans la chambre d'amis. Je ne pourrais dormir avec lui et les coussins. Il a fallu choisir, il s'est sacrifié. Je ne l'ai pas retenu, je me sens si moche, si handicapée, blessée et fragile.

Son exil dans la chambre d'amis durera aussi longtemps que j'aurai un pansement et que je devrai dormir calée dans mon sarcophage de coussins. Le jour où je l'inviterai à regagner ma couche sera pour moi le signe d'un nouveau combat, celui d'une femme abîmée qui ne peut se cacher derrière des pansements et des coussins. Et où j'affronterai le regard de celui avec qui je partage ma vie. Son regard d'homme sur mon corps de blessée.

Vivre avec les autres

Le plus important pour qui revient de l'hôpital avec un sein en moins, un gros pansement, des œdèmes, un programme de chimio et de rayons, des douleurs, des piqûres et surtout un gros cancer, c'est de savoir vivre avec les autres. Une fois sortie de la protection de l'hôpital, il faut vite réussir une petite reconversion. Réussir à vivre avec le cancer, certes, mais surtout vivre avec ceux qui ne l'ont pas, qui nous aiment et qui ont leur vie à vivre. Vivre avec le cancer sans que le cancer n'envahisse toute notre vie.

Mon compagnon me facilite la tâche. Il est souple et aimant. Et d'une patience rare. Je ne le savais pas si fort. Comme quoi on peut en apprendre sur celui avec qui on vit depuis bientôt dix-huit ans !

Ma fille aussi me surprend. Certes, elle a eu peur en apprenant mon cancer. Elle n'aime pas me savoir malade, a craint pour moi l'opération, les soins, les souffrances. Elle se fait du souci pour moi. Même si elle me sait très forte, elle craint que mon moral ne fléchisse et que les petits tracas postopératoires ne viennent à bout de ma bonne humeur volontariste légendaire.

Mais elle tient bon face au chagrin et à l'angoisse. Pourtant, je sais qu'il n'est jamais facile pour une fille de découvrir que sa mère est mortelle ! J'imagine que les solides épaules de son mari ont dû être mises plus d'une fois à contribution et le seront encore pendant tous les mois que dureront les traitements. Comme elle sait que son chagrin me navre, elle ne me le montre pas. Je la trouve plus mûre, plus assurée, plus solide. Elle gère sa peur et sa peine avec l'intelligence qui la caractérise : étape par étape, elle se renseigne (c'est une adepte du Net et des forums) ; elle me soutient. Elle a compris que la meilleure façon de me soutenir était de me dire que tout allait bien de son côté. Même si je ne suis pas dupe, je suis contente.

Faire bonne figure

Son mari, ma petite-fille et elle attrapent une grosse rhino : le genre de truc que la petite rapporte régulièrement de la crèche et qui tient les parents éveillés une partie de la nuit. Ça tousse, ça éternue, ça mouche ! Je me doute bien que cela ne doit pas être enchanteur tous les jours. Ils ont les yeux battus et une toute petite mine lorsqu'ils viennent me voir. Mais ils me rassurent, tout va bien ! De mon côté, je m'efforce de faire bonne figure pour ne pas en rajouter.

Mon gros regret, c'est de ne pas pouvoir inviter ma petite-fille à dormir chez moi aussi souvent qu'auparavant. Nous partagions, Léonie et moi, des moments magiques qu'il me tarde de retrouver. Certes, quand j'en aurai la force, après la fin de la chimio et des rayons, je renouvellerai mes invitations et nous reprendrons nos rires et nos chants. Mais elle aura six mois de plus... Elle ne sera plus la même. Le bébé aura grandi. Elle marchera et parlera. Son temps et le mien ne sont pas en phase. Pendant que mon univers se rétrécit autour de mes cancers, ma petite fée lumière va apprendre à marcher, à parler, elle va découvrir que le monde est immense et qu'il l'attend.

Judith tient à ce qu'on se voie souvent pour ne pas rompre le lien. Viendront bien assez tôt la chimio et les périodes où il faudra me protéger des microbes de la crèche de Bannalec. Nous nous voyons donc et je me désaltère dans les grands yeux rieurs de ma lumineuse petite-fille. Dans ces moments-là, je n'ai ni œdème ni hématomes, je suis une grand-mère éperdue d'amour pour sa petite-fille. Une grand-mère comme toutes les autres.

L'aventure de la perruque

Des achats recommandés

Avant le début des chimios, je prends mon courage à deux mains et je m'en vais faire des emplettes. Il me faut faire les acquisitions que tout le monde recommande : une jolie perruque ainsi qu'une prothèse de sein avec le soutien-gorge adapté. Avant même de quitter l'hôpital, on m'a présenté les prothèses externes en silicone et conseillé d'acheter une perruque. Sans attendre que tombent les cheveux. Pour mieux trouver la couleur et la coupe adaptées. Pour s'habituer à l'idée. Pour ne pas s'affoler quand l'irrémédiable chute commencera. Alors, en bonne élève appliquée, en bon petit soldat, je vais chez le coiffeur spécialisé en dames chauves.

Quelques jours avant d'être hospitalisée, je suis allée chez mon coiffeur préféré pour lui demander une coupe assez courte, toute simple, sans mèches ni couleur. Mes cheveux ont donc repris la nuance châtain terne que je combats depuis des années à force de balayages californiens et autres « coups de soleil » ou « de tendresse », selon les alléchantes appellations des uns ou des autres. C'est dire que j'accorde de l'importance à mes cheveux, leur blondeur me garantissant la lumière dont mon visage a besoin et la qualité de la coupe la promesse de me recoiffer d'un coup de peigne sans perdre de temps. Comme je ne me maquille pas et que je ne fais ni frisettes ni brushing, la couleur et la coupe sont mes seuls cosmétiques. Une façon de courir après mes jeunes années probablement, de retrouver facilement l'allure décoiffée de mes vingt ans.

L'achat de la perruque aurait donc pu être un moment assez plaisant, une petite parenthèse de coquetterie entre l'opération et le début de la chimio. Mais comme je suis trop fatiguée pour m'en réjouir, je vais faire cette acquisition comme je vais essayer la prothèse extérieure et faire les examens du bilan exploratoire : parce qu'il le faut bien.

Parce qu'il le faut bien

En écrivant ces mots, me revient la formule du marchand de produits capillaires qui fait dans le renforcement narcissique. Un peu détournée toutefois. Car le « parce que je le vaux bien » ne fonctionne pas vraiment avec moi. « Parce que je le vaux bien » ne m'incite pas à acheter, ni à me regarder avec complaisance dans le miroir, ni à investir une part conséquente de mon budget dans les produits de beauté. Non, la stimulation de l'estime de soi par la consommation, ce n'est pas mon truc ! Je ne suis pas une consommatrice. Je fais partie de ces ménagères de plus (ou moins) de cinquante ans qui n'aiment pas spécialement acheter, ni faire les courses, ni des emplettes, ni courir les soldes, ni faire du lèche-vitrines. Rien de tout cela ne vaut pour moi un bon livre, une promenade dans les bois ou au bord de la mer, un verre de bon vin ou un film. Question de génération peut-être. Ou de résistance à la machine infernale qui broie notre identité en nous calquant toutes les unes sur les autres. Il est pour moi d'autres féminités que celles des magazines. D'autres plaisirs que d'acquérir.

Sur ce point, je sais ne pas être unique. Bien d'autres femmes ne se sentent pas frivoles ni coquettes, vivent leur féminité sans fanfreluches et trouvent bien d'autres raisons de vivre que de posséder, d'acquérir ou de paraître. Mes vêtements, mes chaussures et mes accessoires ont tous une utilité. J'aime ce qui est pratique et confortable et, si possible, ce qui dure longtemps. Un rapport à l'apparence et à la féminité qui m'aidera probablement à supporter les transformations profondes, dont certaines seront durables, de mon aspect physique.

Par contre, faire ce qu'il faut faire parce qu'il faut le faire, ça, c'est mon truc. Il suffit que quelque chose soit à faire pour que je me débrouille pour le faire. En brave petit soldat aurait dit mon père. Un rapport au devoir qui m'encombre parfois l'existence, mais qui me rend les obligations légères. Il suffit que j'en accepte la nécessité et je trouve l'énergie de le faire. Le reste sera évité. Je ne m'encombre pas de faire comme tout le monde, mais je suis contrainte de faire ce que j'estime devoir être fait.

La perruque que je ne mettrai pas

Je vais donc chez le perruquier avec mon compagnon qui me guide dans mes choix. Je suis si peu enthousiaste que je prendrais bien n'importe quoi qui s'adapte à mon crâne – dont le périmètre est important – et à mon teint – assez vert ces temps-ci. Nous choisissons ensemble une perruque en cheveux naturels, châtain moyen méché de blond doré. Tiens, je me croyais plus claire. Je me suis toujours crue plus blonde.

Je ne sais pas encore que je ne porterai pas du tout cette perruque. Certes, la chimio me privera de tous mes cheveux – et aussi de tous mes poils –, mais elle ne me laissera pas grand désir de faire semblant en portant une chevelure plus belle que moi. Et qui me donnera toujours trop chaud à la tête. Je trouverai des turbans de toutes les couleurs et prendrai vite le tour de main pour nouer de jolis foulards sur mon crâne chauve. Alors, la perruque, ou plus exactement la prothèse capillaire, il faut savoir que ce n'est pas toujours un achat indispensable. Surtout que c'est cher. Même remboursé en partie, cela représente une dépense importante.

À la maison, je me promènerai tête nue, ou je porterai de jolis bonnets de coton qu'une habile et attentionnée voisine aura la gentillesse de me tricoter. Géniale, l'idée du bonnet de coton ! Cela se pose sur la tête sans même avoir besoin de vérifier dans un miroir ; c'est léger, cela évite la transpiration et en le descendant au ras des sourcils cela donne un petit air coquin pas du tout déplaisant.

Sans le vouloir, je réinvente les bonnets de coton des grands-mères du temps jadis, quand les maisons étaient glacées en hiver et qu'on se gelait dès qu'on s'éloignait de l'âtre. Ma grand-mère me parlait toujours de la sienne, qui squattait le banc de pierre de la cheminée durant la journée et qui couvrait son crâne presque chauve d'un bonnet de coton. Le sien était en crochet, les miens sont en tricot. J'en porterai même une fois ou deux la nuit, quand le vent de février s'infiltrera derrière mes fenêtres et viendra caresser mon lit. C'est confortable. Aussi douillet qu'un oreiller ou qu'une couette.

Ainsi, en alternant turbans, foulards et bonnets, je n'aurai jamais besoin de porter ma perruque pendant les longs mois où je serai sans cheveux. Pour le plus grand plaisir de ma petite-fille, peu chevelue elle aussi, je porterai des coiffes amusantes, colorées et faciles à enlever, il lui suffira de tirer dessus pour faire apparaître la peau blême de mon crâne. L'hiver et le printemps me laisseront chauve et viendra le miracle de l'été, une douce et drue repousse redonnera alors à mon cuir un aspect suffisamment chevelu pour que je sorte tête nue. Un pelage aussi soyeux que les poils des petits ânes blancs que ma petite-fille aime aller caresser à l'asinerie proche de notre maison.

Vivre avec un faux sein

Une prothèse mammaire externe

« Œil de verre, jambe de bois, je suis corsaire de haut en bas ! » Je chantais ça quand j'étais gosse. Aux corsaires, toutefois, je préférais les pirates et leur goût de la liberté. L'anneau dans l'oreille et le visage barré de cicatrices. C'est un peu ce que je suis devenue. Un peu amazone, un peu borgne.

Je vais donc m'acheter un faux sein, appelé prothèse mammaire externe en gel de silicone et le soutien-gorge adapté qui va me permettre de cacher la trace de mon amputation tout en rééquilibrant ma silhouette. Avec elle on ne verra pas que je suis borgne du sein.

Contrairement à la perruque, cette prothèse, je la porterai assez souvent, chaque fois que je sortirai de la maison, du moins tant que ne commenceront pas les rayons qui me brûleront trop la peau pour que je prenne le risque du moindre petit frottement.

À la maison, même une fois l'œdème en partie résorbé, je me promènerai sans faux sein car sans soutien-gorge. Au début, ce sera à cause de l'œdème causé par l'opération. Ensuite, ce sera à cause de l'œdème réveillé par les rayons. Et dans tous les cas, ce sera parce que j'aime me sentir libre de toute compression.

Le déséquilibre entre mon sein droit pendant et mon sein gauche manquant ne m'aidera pas à aimer mon nouveau corps. Un corps provisoire certes, balafré, amputé, gonflé, déséquilibré, un corps de malade. Un corps étrange, plus difficile à regarder, en fait, qu'à supporter.

C'est mon corps. On ne peut pas dire qu'il soit beau mais il est toujours solide. Je suis la même. Avec un sein en moins, une cicatrice en plus, des ganglions en moins, des fragilités en plus. Le corps d'une femme de mon âge. Ainsi, à part les rencontres désagréables avec mon image dans les miroirs, j'oublierai vite mon infortune esthétique. J'aurai d'autres soucis lorsque la chimio me rendra malade et d'autres plaisirs chaque fois que l'énergie me reviendra. Faisant fi des questions de look, d'harmonie ou d'allure, chaque fois que je le pourrai, je courrai dans les bois, respirer le vent joyeux de mes arbres.

Des trucs de nanas

Toutefois, pour aller marcher dans la campagne, sur la plage ou dans les bois, il me sera souvent nécessaire de soutenir le sein droit rendu douloureux et gonflé par l'opération ou plus tard par les rayons. Alors, pour tenir mon sein droit sans serrer mon pectoral gauche, j'emprunterai à ma fille ses soutiens-gorge d'allaitement. Ils me permettront de glisser les compresses quand je devrai me tartiner d'éosine ou de pommade Castor Equi pour sécher et cicatriser les crevasses dues à la brûlure des rayons. Côté gauche à la place du sein manquant, je placerai parfois les rembourrages que j'ôte chaque fois que j'achète un vêtement à épaulettes et que je garde sans savoir pourquoi. On ne peut pas dire que cela fasse vraiment illusion mais, le but étant plus le confort que l'apparence, c'est un pisaller correct.

Pauvre poitrine abîmée par l'opération, elle sera malmenée tout le temps des traitements. Seule la période de chimio la laissera un peu tranquille. Je ne porterai pas ma prothèse pour aller aux séances, car la bretelle du soutien-gorge risquerait de gêner la perfusion et parce que j'aime ne pas être serrée.

Quand je ne porterai pas la prothèse, je laisserai tomber un foulard coloré sur mon côté gauche. Harmonisé à mon turban, ce foulard me donnera un look un peu baba, ou ethno, assez marrant. On s'amuse comme on peut. Faire avec les transformations profondes que l'opération, les chimios et les rayons font subir à notre corps est une vraie gageure qui peut parfois devenir très plaisante. Il faut rire pour ne pas pleurer, rire pour ne pas se plaindre ou, pire, se faire plaindre. Rire chaque fois qu'on peut, tout simplement pour s'amuser de ce que la vie nous apporte de challenges.

Passer inaperçue

Avec la perruque et le faux sein, on peut passer inaperçue. Et cela deviendra pour moi, pendant un temps, une vraie nécessité. Ne pas se faire voir comme une malade, ne pas porter haut l'étendard du cancer. Ensuite, les cheveux et les sourcils repoussant doucement, je laisserai mon crâne profiter du vent et de l'air frais et ne chercherai même plus à cacher mon sein perdu. Cela me sera indifférent. Mon look personnel se sera émancipé de la crainte d'être repérée comme cancéreuse, comme ancienne cancéreuse. J'oublierai même que mon corps porte les stigmates de cette maladie. Je me promènerai cheveux ras et demi-sein plat sans y penser et sans éveiller le moindre regard curieux. On ne me verra pas blessée. Je ne verrai rien qui me blesse.

Il faut dire que l'œdème et la fatigue qui suivent l'opération, puis les nausées et la fatigue* qui accompagnent les
chimios, et enfin les brûlures et la fatigue consécutives aux
rayons ne m'inciteront pas trop à me soucier de mon look.
Ensuite, quand la force vitale me reviendra, je serai si heureuse de pouvoir à nouveau aller et venir que la peur de
mon apparence sera le dernier de mes soucis. Je n'ai jamais
été très narcissique ni très coquette. Le cancer n'y changera
rien. Ce qui compte pour moi, c'est d'avoir la liberté d'agir,
le désir et la force de bouger.

Même s'il m'arrive, dans le secret de la salle de bains,
aujourd'hui comme hier, d'avoir d'étranges chagrins, chaque fois que j'aurai l'énergie et le désir de sortir de chez
moi et d'aller vers les autres, je trouverai la petite touche
de couleur ou de fantaisie qui donnera bonne mine à mon
allure. Sous les pavés, la plage, sous le sourire, la peine,
sous les prothèses, la perte.

Et le chemin du cancer est comme le chemin de l'âge,
un long monologue avec soi-même, ce qui fut, ce qui n'est
plus. Ce qui reste. À apprécier. À savoir apprécier.

Enfin, une grosse crise

Au bord de l'eau

Puisque je suis assez en forme et qu'on m'a conseillé
de marcher, Pierre me propose de m'accompagner dans
les bois. Il sait que j'en meurs d'envie et que je ne me
sens pas d'y aller seule. Nous nous garons donc à dis-

tance raisonnable de ma rivière préférée, que nous longeons jusqu'à un endroit magique que je me suis approprié : mon arbre. Il s'agit d'un vieux tronc couché le long de la berge, à l'ombre d'un chêne puissant, au confluent d'un ruisseau et de la rivière. Là, j'ai beaucoup rêvé. J'ai construit plusieurs de mes manuscrits, réécrit dans ma tête des paragraphes entiers, échafaudé des projets, des synopsis, des scénarios. J'ai vu le ventre rose d'un martin-pêcheur bleu, admiré le saut argenté des truites dans la lumière du soir et écouté les mille bruits furtifs et mélodieux de l'eau sur les rochers. Un coin de paradis. C'est un endroit isolé qu'on ne peut gagner qu'à pied et qui ne semble connu que de quelques pêcheurs à la mouche.

J'y arrive fatiguée. Je suis essoufflée. Je n'aurais jamais pensé que le chemin était si long. En fait, le chemin n'a jamais été aussi long.

Nous nous asseyons sur le tronc et je laisse mes yeux se perdre sur la peau brillante de la rivière. Comme chaque fois, la magie du lieu m'étourdit un peu. J'ai comme l'impression de flotter. Comme si je me noyais dans l'or de l'eau, dans les reflets verts du courant, dans le scintillement de la lumière. La tête me tourne. Une boule se gonfle au creux de ma poitrine, pendant qu'une oppression étrange m'alourdit. Mes jambes tressautent, mes mains se crispent, une légère nausée remonte dans ma gorge alors que mes bras se couvrent de frissons.

Crise de nerfs

Et soudain, un grand vertige me saisit, je sens que je vais tomber. Je sens que je vais m'évanouir, tout chancelle autour de moi. Assise sur le tronc, je m'agrippe à l'écorce rugueuse pendant que montent de ma poitrine des espèces de cris rauques et que mon corps tout entier se met à trembler. Je crie, je suffoque. Mes jambes tressautent, mes bras se tordent. Je ne sais si je ris ou si je pleure, mais je sais que je crie. Je hurle. Avec rage, avec force, avec une énergie démente, je hurle et je tape du pied. Et je me mets à rire. Rire et pleurer en même temps, car enfin quelques larmes sortent de mes yeux toujours secs. La main de Pierre se pose sur ma nuque et y reste, ferme et chaude, légère, pendant que je tressaute en criant, reniflant, haletant.

Tout le temps que dure cette crise de nerfs, Pierre reste calmement assis à côté de moi. Sans me quitter des yeux, sans s'approcher, sans tenter le moindre geste, il reste près de moi. Je sens sa présence, sa vigilance, son calme. Sa compréhension.

Tout le temps que durent mes cris et mes pleurs, il reste tout près de moi, sans me toucher. Sans me parler. Sans me tenir mais sans me lâcher.

Lorsque les sanglots et les hoquets laissent place à de légers tremblements puis à une énorme fatigue, il me prend la main et me sourit gentiment, presque gravement. Nous regagnons la voiture en marchant très lentement. Je suis lourde et lasse comme si j'avais cent ans, anéantie d'une vieille fatigue, ancienne comme l'annonce de mon cancer, lourde de toutes mes peurs, lourde du poids du sein qui me manque et des mois qui m'attendent.

Pierre le sait. Il ne dit rien. Il connaît ma résistance et ma force et sait qu'il me faut craquer un peu pour tenir beaucoup. Pendant le temps de cette crise, comme pendant tout le temps que dureront les soins et les souffrances de mon cancer, il saura rester contenant sans être intrusif. Exactement comme il faut être avec moi.

Le résultat de l'anapat

Compte rendu

« Parenchyme mammaire droit présentant un carcinome canalaire et lobulaire de 1,8 centimètres de diamètre, sans foyer de carcinome *in situ*, sans extension adjacente, sans extension au niveau des limites chirurgicales, sans extension au niveau des quatre adénopathies des ganglions sentinelles.

Par contre, à gauche, on retrouve un volumineux carcinome de 6 centimètres de diamètre, canalaire et lobulaire avec de très nombreux foyers de carcinomes *in situ*, notamment de grade III, non seulement au niveau de la tumeur mais également au niveau du parenchyme mammaire adjacent qui est le siège d'au moins 15 foyers tumoraux *in situ*, avec 25 métastases ganglionnaires retrouvées au niveau du curage axillaire, réalisant une véritable coulée néoplasique.

Formations glandulaires : 2, pléomorphisme nucléaire : 3, cinq mitoses par champ X 40 : 3 = 8.

DBR : grade III ; MSBR : grade IV ; E. E. : grade III ; code Adicap : A7B0 ; code CIMO-SNOMED : 8522-3 ;

dosage de récepteurs hormonaux très positif, autour de 70 % sur les tumeurs, aussi bien à droite qu'à gauche. Les récepteurs de progestérone 40 %, avec index de prolifération de 30 %. »

Tentons de comprendre

Je cherche à comprendre ce discours technique. Le médecin m'explique en partie, mais j'ai tendance à oublier aussi vite que j'ai compris. C'est pourquoi je me procure des ouvrages de vulgarisation, ils me permettent de tester ma compréhension des explications médicales. Ils me permettent également, au moment d'écrire ce journal, d'avoir l'air plus savante que je ne le suis vraiment. Pour ma gouverne, je me sers également des autres comptes rendus et courriers dont j'ai gardé les copies et qui me permettent d'avoir un aperçu technique de mes cancers.

Ils sont canalaires (se situent dans les canaux galactophores) et lobulaires (dans les lobules). Rien de spécifique. C'est le cas de presque tous les cancers du sein.

Si je comprends le sens de tous ces sigles, je suis entre le grade III et le grade IV. Grade III, c'est signe que c'est sévère. Le grade IV étant celui des cancers avec métastases, je me retrouve avec un cancer très sévère.

Quant au chiffre 8 qui me laisse perplexe, il correspond au grade histologique. 8 c'est la tranche supérieure, celle d'une tumeur de grade III peu différencié.

Autrement dit c'est grave. C'est sérieusement grave. C'est gravement grave.

Mais la bonne nouvelle, c'est qu'ils sont tous deux hormonodépendants et que je pourrai dont bénéficier d'une hormonothérapie*. En supprimant toutes mes hormones progestérone et œstrogène, on tarira complètement la source possible de tout cancer du sein, autrement dit je ne craindrai pas les récidives.

Et plus encore

J'en sais un peu plus aujourd'hui grâce au compte rendu du médecin oncologue.

Le cancer du sein droit sera ainsi codé : *Lésion pT1c pN0 (0/4) GS M0 RO + RP +*. Le gauche est noté : *Lésion pT3 pN2 (25/25) M0 RO + RP + grade III*.

Voici ce que j'en ai compris :

À droite : lésion *T1* = tumeur infiltrante de 1 à 2 cm ; une taille normale pour un cancer qui n'est plus *in situ* ; ce qui explique qu'on ait pu me l'ôter sans couper tout le sein.

N0 (0/4) = *N0* : aucun ganglion atteint ; *(0/4)* : zéro ganglion atteint sur les 4 prélevés. Donc c'est tout bon, le cancer n'est pas sorti du sein.

M0 : zéro métastase ; *RO +* et *RP +* : positif aux œstrogènes et à la progestérone. Suite logique : si je n'ai pas de ganglions atteints, je n'ai pas de métastases. Quant au fait qu'il soit positif aux œstrogènes et à la progestérone, on le verra plus tard, cela me donnera droit à un dernier traitement radical, l'hormonothérapie.

À gauche : lésion *T3* = tumeur infiltrante supérieure à 5 cm. C'est dire que là, le cancer est impressionnant. C'est un gros ! D'où sort-il celui-là pour être aussi énorme ? Pourquoi n'ai-je rien senti ? Pourquoi est-il devenu si massif en si peu de temps ? Des questions qui resteront pour moi sans réponse.

N2 (25/25) = *N2* : ganglions adhérents les uns aux autres. *(25/25)* : c'est dire que j'ai 25 ganglions atteints sur les 25 prélevés. Là, je suis servie. Et bien servie. Les cellules ont gagné mes ganglions et avaient commencé à en partir. Donc, l'étape suivante était la colonisation d'un organe souvent pris pour cible par les métastases du cancer du sein, les os, le foie, les poumons.

Autrement dit : je l'ai échappé belle !

Dans mes livres, un cancer *T2, N2, M0* comme le mien, c'est-à-dire de 6 centimètres avec les ganglions très atteints et adhérents, est classé en toute fin de stade III.

Je note que la taille de la tumeur à elle seule donne des perspectives diagnostiques intéressantes à cinq ans : de 90 % de guérison si la tumeur mesure moins de 1 centimètre, à 25 % de guérison si la tumeur mesure 5 centimètres et plus.

Comme il s'agit de statistiques, cela ne peut s'appliquer au cas de personne.

Comme me l'ont dit le chirurgien, et ensuite les médecins oncologues que je rencontrerai tout au long de la chimio et des rayons, la guérison est affaire individuelle. Suivre le protocole des traitements, avoir une bonne hygiène de vie, être bien entourée et avoir le moral, voilà ce qui bouleverse et renouvelle constamment les statistiques.

Comment accueillir ces précisions ? Avec le sentiment d'avoir eu de la chance. J'avais prévu bien pire pendant les semaines qui ont précédé l'opération. Avant de savoir précisément ce que voulait dire ACR5 bilatéral sur le résultat de mes mammos, avant de savoir précisément que j'avais deux cancers, avant de savoir que je serais opérée, que je serais amputée et que j'aurais à la fois des chimios et des rayons, j'ai voyagé au pays des morts et des mourants. J'ai convoqué mes défunts parents et grands-parents, j'ai revécu leur mort, j'ai envisagé la mienne. J'ai fait le ménage dans mes comptes, mes archives et mes souvenirs. En fait, cette faculté idiote que j'ai de toujours prévoir le pire me permet d'accueillir ensuite les mauvaises nouvelles de pied ferme. Une fois l'angoisse tenue à distance, rien ne peut m'abattre. Il me suffit d'accueillir le programme prévu et de le suivre. D'ailleurs, j'ai le moral, je suis bien entourée et pour l'hygiène de vie, je me débrouille. Autrement dit, je suis déjà en train de renouveler les statistiques. Je suis déjà en train de guérir.

6

Les six cures de chimiothérapie
Voyages dans le brouillard

La rencontre avec l'oncologue

Drôle de date

Premier rendez-vous en oncologie. Jusqu'à maintenant, j'ai navigué entre gynécologie et obstétrique ; me voilà maintenant officiellement suivie pour un cancer. Je vais donc dans le service d'oncologie de l'hôpital.

Rendez-vous m'a été fixé pour le 3 janvier, le jour de la Sainte-Geneviève. Une date essentielle pour moi, depuis des années. Une fête et une date anniversaire immuables, qui me parlent directement, en plein cœur, en plein foie même. C'est le jour où ma mère est morte. C'est tous les ans, depuis des années, le jour où ma mère est morte. Le jour de sa fête. Un de ces anniversaires qui vous collent à la peau comme une légère sueur, une odeur tenace, qui ne part pas et qui ne partira jamais. Le 3 janvier, jour de la Sainte-Geneviève, ma mère est morte d'un cancer. Elle est morte de son cancer à elle, qui n'était pas un cancer du sein, de sa vie à elle qui n'était pas la mienne. Mais d'un cancer tout de même, ce qui explique en partie pourquoi j'ai si vite associé mort et cancer, il y a quelques mois, quand la mammo a dépisté le mien.

La mort de ma mère étant incontestablement un des éléments clés de ma vie, noter la première rencontre avec le cancérologue le jour anniversaire de sa mort me trouble et m'incite à reprendre mes rêveries sur ma mort annoncée. Le cancer de ma mère et le mien n'ont pourtant rien à voir. Sa mort et la mienne ne sont pas liées, ne sont plus liées depuis des années. Depuis que j'ai fait le long chemin psychanalytique qui m'en a libérée et surtout que j'ai pu écrire l'histoire tragique de sa famille, revivre ainsi et faire vivre, par la magie de l'écriture, les temps douloureux de sa vie et de sa mort. Écrire m'en a libérée. La publication de ce livre m'a valu des courriers, des témoignages et des confidences qui me confortent aujourd'hui encore dans la conviction qu'il est fondamental de partager, de communiquer, de dire. Même le pire. En trouvant les mots pour dire l'insupportable, en cherchant, par le menu parfois, comment décrire, cerner, préciser une pensée, un trouble, un doute, l'ombre d'un souvenir ou d'une crainte, je pense qu'on donne corps à l'impensable qui nous tue. Ce que j'écris sera lu par des personnes qui se serviront de mes mots pour penser la violence de leurs douleurs et qui ainsi les vivront mieux.

La mère, la mort

J'ai écrit sur ma mère des choses très dures. Sur sa vie, sur sa mort. Une mort qui fut un moment clé de ma vie, qui a véritablement orienté ma vie. Comme la mort d'une mère pèse toujours sur la vie de sa fille, pour l'alourdir ou l'alléger, la mort de la mienne fut un des temps fondateurs de mon existence. Mon cancer, et surtout ce premier rendez-vous, fixé à la date anniversaire de sa fin, me contraignent à repenser fortement à elle. À sa vie douloureuse, à sa mort désolée. Sa mort fut triste et solitaire, car je n'étais pas près d'elle. Cela m'a longtemps tourmentée, car j'aurais pu y être, j'aurais dû y être. Mais les remords sont inutiles et ne seraient pas justes. Il me faut rendre justice à la très jeune fille que j'étais alors. Réellement, il m'aurait été impossible d'être au chevet de celle dont j'avais si peur. Je regrette toutefois que l'existence nous ait violentées toutes deux au point de faire d'elle une mère abandonnée et de moi une fille cruelle, injuste et ingrate.

Elle n'avait que quarante-sept ans. Elle est morte un matin froid, seule dans sa chambre d'hôpital, après des mois de souffrances. Moi, j'en ai soixante-deux et je vais rencontrer la cancérologue entourée de toute ma famille. Pierre m'accompagne, naturellement, et aussi ma fille. Je le lui ai proposé, pour qu'elle entende ce que le médecin va dire de mon cancer. Je pense qu'il ne doit pas être facile pour elle de faire le tri entre mes efforts constants de banalisation et les informations – souvent très inquiétantes – qu'elle recueille sur Internet. Avec le médecin, elle rencontrera la réalité médicale de mon cancer. Une sorte de vision objective de la maladie, débarrassée au maximum de son aura fatidique et de ses relents familiaux. Je suis persuadée que cela l'aidera à se battre contre la peur de cette maladie à l'aura fantasmatique si présente, dans ma famille comme ailleurs. Pour la soutenir, son mari nous accompagne.

Nous entrons donc à quatre dans le minuscule bureau où nous reçoivent le médecin et une infirmière. Il n'y a pas assez de place, pas assez de chaises. Tous enfin bien installés, en ligne devant le bureau, nous faisons front. C'en est presque comique. Et bien sûr, je m'efforce d'en rire. Et je suis bien la seule, car tout le monde est tendu, attentif. Ainsi, les informations qui vont nous être données seront écoutées avec recueillement, presque avidité. Comme si ma guérison, voire ma survie dépendaient des mots que le médecin allait prononcer. Or, ce qu'elle énonce, ce n'est que le protocole du traitement dont je vais bénéficier, celui du cancer du sein.

C'est simple, il s'agit du programme des soins qui vont se dérouler pendant les six prochains mois et les cinq prochaines années. Le médecin évoque les produits, les effets secondaires possibles. Un protocole classique. Une affaire bien rodée. Un cancer comme tant d'autres. Juste un peu sévère, un peu avancé.

Voici donc le programme

En premier, la chimiothérapie* : six cures ; trois cures de FEC 100* + trois cures de TXT. Une demi-journée en hôpital de jour toutes les trois semaines. Pour cela on va me poser une chambre implantable*, un dispositif qui permettra non seulement les perfusions de chimiothérapie, mais aussi les prises de sang – on ne doit pas me piquer les bras en raison des opérations pratiquées aux deux seins et des ganglions qui m'ont été prélevés de chaque côté –, une au minimum devra être prévue avant chaque chimio.

Ensuite, six semaines de radiothérapie* : une séance par jour, cinq jours par semaine, pendant six semaines.

Enfin, l'hormonothérapie*, un comprimé par jour pendant cinq ans.

Et une surveillance, une mammographie par an et deux examens des seins par an.

On attend les résultats d'un dernier dosage pour savoir si j'aurai besoin également d'immunothérapie. Il s'avérera que mon dosage de HER 5 ne rendra pas ce traitement nécessaire, le résultat de l'oncoprotéine C-erbB2 (HER-2 NEU) étant négatif.

Mon programme est donc établi. Mon emploi du temps des six prochains mois est fixé.

Je retiens que je vais avoir la nausée et perdre mes cheveux. Et qu'on va me faire faire des examens complémentaires pour connaître l'état de mon cœur, de mes os, de mon foie et de mes poumons. Il s'agit de savoir si aucune métastase ne s'est déclarée.

Je ferai les examens, qui s'avéreront tous rassurants. Pas de métastases visibles. Tout va bien.

Je bénéficie de ce qui a manqué à ma mère, un bon environnement affectif, ce qui me donnera un bon moral et me permettra de profiter des avancées de la médecine dans le domaine du traitement des cancers.

Quand on m'explique tout le protocole

Une série d'effets secondaires

Ce matin, j'ai rendez-vous à l'hôpital de jour avec une infirmière qui me présente le déroulement des cures de chimio. Elle me fait visiter les locaux et m'indique les principaux effets secondaires à prévoir, leur origine et leur traitement. Une amie m'accompagne car je suis encore un peu fatiguée de l'opération et mon bras gauche n'a pas l'agilité nécessaire pour que je puisse conduire.

L'infirmière est jeune et jolie, très souriante. Elle aborde la question de la toxicité des chimios sur le sang et la conséquence majeure du traitement : faire attention aux globules blancs*. Le premier risque est celui de la fragilité aux infections, à traiter sans tarder avec des antibiotiques. Il faut donc être vigilante et faire appel à son médecin traitant en cas de fièvre dépassant 38,5 °C. Ne pas hésiter à appeler l'hôpital, ne jamais laisser une fièvre s'installer. Faire faire une prise de sang pour mesurer le taux de globules blancs, non seulement avant chaque cure, mais aussi dès qu'apparaît la moindre fièvre. Niveau de vigilance renforcée.

L'idée, c'est que les produits injectés combattent les cellules cancéreuses mais aussi toutes les cellules, dont les globules blancs, qui aident à lutter contre les infections. Avec un faible taux de globules blancs, on peut donc être vulnérable aux maladies ambiantes et surtout à nos propres bactéries, dont l'équilibre des forces à l'intérieur de notre sang nous protège habituellement.

Viennent ensuite les probables problèmes digestifs, nausées, vomissements, à traiter avec toute une flopée de médicaments adaptés, des corticoïdes et/ou de la benzo-diazépine. Les progrès en chimio viennent du combat acharné mené contre ces perturbations. Grâce à la corti-sone et à tous les antiémétiques, on diminue de façon considérable les vomissements qui ont marqué les chimios de nos aînées, sans aller jusqu'à faire cesser la sensation épouvantable de malaise et les nausées. Me voilà préve-nue, un peu rassurée mais pas trop. Avant c'était pire, mais même maintenant, ce n'est pas marrant.

On évoque aussi les risques de toxicité cardiaque à long terme. D'où l'électrocardiogramme qui précède la chimio et le suivi régulier qui s'ensuivra.

Avec une mention spéciale pour les ongles, les poils et bien sûr les cheveux, la fameuse alopécie inévitable le temps du traitement, sans oublier la fragilisation des muqueuses, avec possibilité d'aphtes, à traiter avec des bains de bouche. Autrement dit, je vais devenir chauve, avoir mal à la bouche et perdre tous mes poils. À moi de sauver mes ongles.

L'efficacité de la chimio

L'infirmière m'explique tout cela avec gentillesse et compétence. Elle a l'expérience des chimios et surtout celle des patientes. Elle accepte toutes les questions, même si elle ne peut pas toujours bien y répondre. En effet, si tout est clair concernant les effets secondaires et indési-rables de la chimio, ce qui touche à son efficacité, son action positive, me semble encore bien flou. Les produits attaquent toutes les cellules du sang, cellules malignes et autres, c'est à peu près tout ce que je réussis à comprendre. C'est tout ce qu'il y a à comprendre, peut-être, pour qui n'est pas médecin oncologue ou chercheur en oncologie.

Pour le patient qui la subit, la chimio a ceci d'étrange qu'on ne voit ses effets qu'à travers les dégâts qu'elle cause. J'aurais attendu en vain qu'on me fasse le détail de son action thérapeutique et qu'on m'indique avec précision les étapes de la guérison attendue. J'ai vite compris qu'il n'en serait rien. Mes questions sur le sujet seront d'ailleurs assez floues pour se satisfaire des vagues réponses données. La chimio guérit du cancer du sein. Statistiquement, elle a prouvé son efficacité. C'est tout. Elle est suffisamment efficace pour qu'on en supporte les inconvénients. Et qu'on fasse du mieux possible pour les pallier.

Paradoxalement, c'est peut-être parce qu'elle est formidablement toxique que la chimio ne peut qu'être formidablement efficace. Pourquoi se préparer à vomir pendant des mois, à perdre ses cheveux, ses poils, à risquer ses ongles, à mettre en danger son cœur, si ce n'est pour un bénéfice magistral... celui d'une promesse de survie. En fait, la réalité de cette toxicité semble à elle seule garantir son efficacité.

Pour le reste, comme je me suis déjà bien documentée, je ne suis pas très surprise de ce que je découvre. En revanche, l'amie qui m'accompagne est sidérée. Elle ne s'attendait pas à un tel catalogue de petits ennuis et de grosses misères. Leur énumération est impressionnante. Et impressionnante l'idée qu'on puisse ainsi en faire un aussi minutieux et précis recensement. C'est un peu comme quand on part en vacances et qu'on pointe la liste de tout ce qu'il ne faut pas oublier. Sauf qu'ici les bagages se résument à une grosse trousse à pharmacie.

Difficile d'y croire

De mon côté, même si j'écoute et j'opine, il faut reconnaître que tout cela reste assez abstrait. J'en suis aux préliminaires, au temps heureux où tout est encore possible. J'écoute donc sagement les prédictions négatives et les contrepoisons nécessaires. En fait, cela ne représente qu'une énumération de désagréments possibles, la liste improbable des gênes et troubles divers qui ne sauraient, comme la foudre, tomber tous au même endroit. Comme j'ai confiance dans ma bonne santé et dans mon équilibre personnel, j'espère bien échapper à quelques-uns des tracas prévus.

Comme quand j'étais gosse, je fais la maligne. Du cancer ou de moi, qui sera le plus malin ?

Une partie de moi se croit plus forte que tout et c'est elle qui me pilote en ce moment. Du genre : moi, je vais traverser tout cela sans me mouiller, je suis une grande fille, je n'ai peur de rien, je saurai bien me préserver de toutes ces nuisances. Les semaines qui vont suivre vont me permettre de découvrir que je me trompais et rabattre un peu mon caquet.

Reste que je suis tout de même ébranlée. La longue série des effets toxiques et des précautions à prendre ne me laisse pas indifférente. Je sors de l'hôpital avec l'impression étrange d'être au seuil d'une grande épreuve. Comme si je venais d'accepter, sans avoir eu ni le temps ni le droit de refuser, une série d'expériences physiques et psychiques d'où je sortirai à la fois amoindrie, mais aussi régénérée. Mes cheveux, mes cellules, mes ongles, mon sang, tout va s'abîmer et tout pourra se restaurer.

Contrairement à mon sein gauche amputé et à mon bras gauche diminué, les malheurs de la chimio sont censés n'être que transitoires. À moi de jouer donc, à moi de traverser le cercle de feu, de subir les épreuves et de sortir vivante du tunnel. Une expérience initiatique en quelque sorte, de celles qui font passer d'un état à un autre, d'un monde à un autre, de celui des malades à celui des guéris certes, mais aussi de la vie d'avant à la vie d'après. Les cartes et mon thème astral prévoyaient pour moi deux ans d'épreuves et une nouvelle naissance. Pourquoi pas ? Sans être mystique, je suis parfois sensible aux signes qui jalonnent ma route et il est évident que ce cancer est arrivé dans ma vie à un moment clé. Pourquoi ne pas le voir comme un vrai tournant, l'annonce d'un profond changement ? Il ne tient qu'à moi de faire de cette épreuve une expérience et non une tragédie. L'idée de déboucher sur une autre vie rend l'aventure assez excitante et me remplit de curiosité. Qui suis-je ? À cette éternelle question, le cancer me répond que je vais peut-être devenir une autre. J'ai terriblement envie de savoir.

En attendant l'heure des bilans qui me diront si j'ai réussi mon challenge personnel, il faut traverser l'étape chimio sans couler. Pour cela, les préconisations sont simples et terriblement antinomiques. Surtout pour moi. On nous conseille d'avoir une vie normale et de nous reposer. J'apprendrai vite combien c'est difficile. Mais réalisable.

La chambre implantable ou « port-a-cath »

L'installation de la chambre

Grand jour : on m'installe aujourd'hui une chambre implantable*, appelée port à cathéter, « port-a-cath ». Une voie d'accès permanente et directe à mes veines et à tout mon circuit sanguin.

À vrai dire, dans un premier temps, l'idée d'avoir un truc implanté sous la peau ne me fait pas trop plaisir. Pour me détendre, j'essaie de me voir comme une sorte d'agent secret, un émetteur dissimulé à même la chair me permettant de communiquer en douce ou d'être repérée et repêchée si je m'égare. Un peu comme la puce électronique de Cachou – la petite chienne qui va bientôt entrer dans ma vie –, ce tatouage moderne va m'identifier et me distinguer des animaux non tatoués, voués à l'euthanasie. J'ai sous la peau la marque provisoirement permanente de ma qualité de cancéreuse suivie en chimio.

Pourtant, loin d'être aussi ésotérique ou dramatique, la chambre en question n'est qu'une pastille creuse, prolongée par un cathéter menant directement dans la veine profonde qui va à mon cœur. Là seront piquées les perfusions de chimiothérapie. Même si l'idée d'une voie d'accès direct à la circulation sanguine et au cœur est assez affreuse, la réalisation en est simple et sans douleur. Quant au bénéfice, il est total. Aujourd'hui, j'ai encore la chambre implantable et je ne la sens pas du tout, sauf lorsque je tâte ma peau à cet endroit. Je la ferai enlever plus tard. Peut-être.

La pose se fait sous anesthésie locale. Pendant que l'anesthésiste me fait les incisions nécessaires et place le cathéter dans ma veine ainsi que la chambre elle-même sous ma peau, une charmante infirmière, dont je ne vois que les yeux, me tient la main et me fait parler de moi. Difficile exercice pour moi qui suis du genre à écouter les autres et qui n'aime pas me livrer, sauf en plaisantant. Mais l'attention est touchante et très efficace. Car, alors que je me soucie de répondre à l'attente de cette gentille personne qui s'intéresse à ma vie quotidienne, ma vigilance est captée par son regard et je ne me soucie pas du petit charcutage que doit faire le médecin.

La chose se fait rapidement, et rapidement je suis de retour chez moi.

Quelques visites d'infirmières pour nettoyer la chambre de perfusion, vérifier la cicatrisation, et j'oublierai facilement que je porte un corps étranger sous ma peau et dans une de mes veines.

Rencontre avec des personnes remarquables

Cette chambre sera utilisée par les infirmières spécialisées en oncologie, qui la piqueront pour injecter les produits de la chimio. Elle le sera également par les infirmières du centre de soins de mon domicile pour les multiples prises de sang qui seront rendues nécessaires par le contrôle de mes globules blancs. L'exercice leur sera d'ailleurs difficile, du moins au début.

En effet, contrairement à celles qui piquent dans des chambres tout au long de leur journée de travail, les infirmières à domicile, même formées en oncologie, n'ont pas l'expérience qui rend le geste machinal. C'est donc pour elles une épreuve. D'autant que depuis leurs stages de formation en oncologie, la taille des chambres implantables s'est considérablement réduite. Quant au protocole qui accompagne la prise de sang sur une chambre implantable, il est long, précis et exigeant. Il faut prendre des précautions de stérilité spéciales étant donné la proximité du cœur. Autrement dit, ce n'est pas pour elles un geste simple. Nous en plaisantons, je les taquine, elles en rient. Et tout se passe très bien. Aucune d'elles n'a jamais été obligée de piquer deux fois, aucune n'a rencontré la moindre difficulté. Pas d'erreur, pas d'hésitation, dans la bonne humeur. Jamais je n'ai eu mal, car elles ont la main légère, et aussi grâce au patch magique de crème Emla (« aime-la », un si joli nom !) qui anesthésie la peau.

C'est fou ce que la gentillesse et la compétence des soignants prennent de l'importance lorsqu'on voyage en longue maladie et qu'on est bloqué chez soi. Leur patience, leur vitalité, leur humour.

Mon cancer va me faire connaître des personnes remarquables. Les infirmières et les infirmiers du centre de soins du bourg où j'habite viendront chez moi pour mes prises de sang, mais également pour changer mes pansements, nettoyer mes plaies, piquer mes fesses et mon ventre, sans oublier de passer à la pharmacie prendre mes médicaments, porter mes ordonnances ou même de me rendre service en acceptant de poster des lettres. Toujours souriantes, elles bavardent un peu, commentent le temps qu'il fait ou celui qu'il devrait faire, m'assurent que j'ai bonne mine et m'encouragent à me reposer. Le temps leur est compté, elles n'ont pas le loisir de prendre un café et repartent, de maison en maison, soigner, nettoyer, panser, soutenir d'autres malades, des gens blessés ou âgés, isolés ou débordés, déprimés souvent, douloureux également, leur apportant énergie, compétence, sourire. Pour eux comme pour moi, leur venue, joyeuse et attentionnée, sera parfois la seule éclaircie lors des jours sombres où le brouillard cache l'espoir.

La première cure

Je suis prête

J'ai lu tout ce que je pouvais lire sur la chimio et ses effets secondaires catastrophiques. Dans tous les bouquins, j'ai vu des femmes vomir à genoux dans les toilettes, trembler de fièvre, grelotter de nausées et vaciller de vertiges divers. Même si une partie de moi reste convaincue d'échapper au pire, je m'attends toutefois à perdre mes cheveux, à vomir, à perdre du poids et à prendre une teinte verdâtre assez pitoyable.

Manque de chance, j'aurai la nausée et j'oublierai pendant quelques mois poils et cheveux, certes, mais je ne perdrai pas un gramme. En effet, les chimios ne font plus maigrir, on peut même prendre quelques kilos – que les femmes normales perdent rapidement dès la fin de la cure. Moi qui ne rends pas facilement ce que je gagne, je n'en perdrai aucun. Quant à la pâleur romantique et pathétique des malades, elle aussi me sera épargnée, je prendrai même assez vite une belle couleur rouge violine qui me donnera bonne mine à défaut de me remonter le moral.

Ce lundi matin, selon les instructions, je démarre avec un comprimé d'Emend – qui doit lutter contre les nausées –, et un cachet d'Atarax – un anxiolytique léger, conseillé par mon médecin généraliste. Ce sont les pilules magiques qui accompagneront chacune de mes cures. En plus, j'avale sans rechigner l'antidépresseur ordonné par le même médecin. Une précaution pour éviter de sombrer dans le marasme qui accompagne souvent les chimios. Ajouter l'antidépresseur à l'anxiolytique, c'est comme porter des bretelles en plus d'une ceinture, mais pourquoi se priver des progrès des labos dans le domaine du bien-être ? Il sera temps plus tard de me nettoyer de tout cela. En fait, je supprimerai rapidement l'antidépresseur, persuadée de pouvoir gérer mes états d'âme toute seule, ponctuellement avec le petit Atarax de service. Une erreur qui sera peut-être la cause du plongeon sinistre de ma troisième cure. Nous en reparlerons.

Ce matin, avec mon café, c'est Emend, Atarax, Citalopram. Ensuite, je prendrai des tisanes pour protéger mon foie, des herbes pour digérer, des gélules pour atténuer les effets secondaires des produits toxiques. Je reconnais que la boîte où je mets mes médicaments quotidiens prend soudain du volume. Elle finira même par déborder. Moi qui n'aime prendre ni pilule ni cachet et qui rechigne à tout traitement en continu, je ne regrette toutefois aucun de ces produits. Ni d'avoir accepté le soutien de l'industrie pharmaceutique et ses progrès dans le domaine du confort et aussi de l'humeur et du moral. Ni d'avoir eu recours aux herbes, plantes et autres décoctions qui permettent de lutter contre l'empoisonnement des chimios.

Ainsi bien tranquillisée, bien herborisée, après avoir rencontré le médecin oncologue qui me suivra pendant toute ma chimio et qui examine attentivement mes résultats d'analyse de sang, je me rends dans la grande salle pour ma première cure de FEC 100.

C'est parti !

On m'installe assez confortablement sur un lit réglable, dans une longue rangée d'autres lits semblables où sont allongés des hommes et des femmes au visage sérieux, les yeux clos pour la plupart. L'ambiance est bonne. Assez douce. Personne ne se plaint ni ne râle. Du moins en ce premier jour. Cela me fait penser aux salles de transfusion où j'allais jadis, pour donner mon sang et mes plaquettes*. La même concentration sans aucun pathos. Des gens habillés en vêtements de ville, pour la plupart ayant gardé leurs chaussures, allongés avec des tubes qui partent ou rejoignent leur corps. Certains lisent, d'autres écoutent de la musique discrètement avec leurs écouteurs. Personne ne parle beaucoup. Les infirmières et les aides soignantes vont de lit en lit, avec un mot gentil pour tous. Elles proposent du jus de fruit, de l'eau, des petits gâteaux. C'est sympa et bon enfant. La salle est claire et lumineuse, bien aérée. Aucune odeur d'hôpital ni de maladie. Tous ces petits indices me rassurent et je me sens plutôt bien.

Certaines femmes portent le casque réfrigérant qui peut retarder la chute des cheveux. Je ne le demande pas. Il semblerait que l'addition des produits différents des deux cures de chimio que je dois enchaîner ne me laisse pas grande chance de garder mes cheveux. Alors, je ne vais pas m'infliger la brûlure de ce casque qui sort du congélateur et semble non seulement réfrigéré et réfrigérant mais aussi très lourd. Remplie de curiosité, je voudrais savoir ce que pense ma voisine, austère jolie dame, la tête haute ornée du casque bleu qui lui donne l'air d'une poule en colère. Et en face, cette gentille mamie en pastel, qui plisse les yeux comme si elle souriait mais qui ne regarde personne. Et celle du coin qui parle trop fort pour me permettre de l'ignorer mais pas assez pour que je suive sa conversation. Même en tendant l'oreille, je ne parviens qu'à capter des bribes. On dirait qu'elle parle du poissonnier. Je dois me tromper. Comme il est très fatigant d'essayer d'espionner les autres, je ferme les yeux en attendant qu'on vienne s'occuper de moi.

Dans la chambre implantable, on me pose une aiguille de perfusion et tout un montage tubulaire qui permettra que chacun des produits de cette première cure me soit injecté.

Et c'est parti. On commence par du Zophren, ensuite du Solumedrol, pour éviter les nausées, puis l'épirubicine, le cyclophosphamide et le fluoro-uracile, les trois anticancéreux de cette cure de FEC 100. Après chaque produit, un liquide permet le rinçage de la chambre. La rinçure comme disent les infirmières. Un mot qui me surprend par sa connotation que je croyais péjorative, jusqu'à ce que le dictionnaire m'éclaire sur la justesse de son emploi. La rinçure n'est pas comme la raclure, un terme négatif, mais bien l'eau qui permet de nettoyer un verre ou un tube.

C'est long !

De produit en rinçure, la séance dure assez longtemps, trois ou quatre heures, je crois. Je peux aller me promener avec ma perche de transfusion – sauf pendant que coule le liquide rouge (épirubicine) –, et même aller déjeuner dans une petite salle prévue à cet effet. Je mange avec appétit de la viande froide et un dessert. Je continue à me sentir bien. Assez excitée même de ce qui m'arrive. À ce stade de mon traitement, la curiosité l'emporte sur toute autre émotion. Oubliées mes petites excursions du côté de la mort, dépassées les angoisses du gros bras, je suis entrée dans la cour des grandes, là où on déguste la chimio en groupe et en ambulatoire. J'ai le sentiment de vivre quelque chose d'exceptionnel et je prends des notes sur mon calepin pour le livre que je veux écrire.

Quand je n'écris pas et que j'arrête de me demander ce que j'éprouve vraiment pour pouvoir le noter, je regarde le liquide goutter dans le tube de la perfusion, je l'imagine inondant mon sang, coulant dans toutes mes veines, habitant mon corps, cherchant à détruire les malignes petites cellules qui ont quitté mes ganglions lymphatiques pour aller se loger dans les organes cibles dans la ferme intention d'y installer leurs colonies cancéreuses. Mon corps est un champ de bataille. Dans mes veines et dans mes artères des milliers de petits soldats se battent pour moi. Je vois des hordes de globules attaquant des rangs de bactéries, molécules contre cellules, ça cartonne dans mes veines et dans mes vaisseaux. Pas étonnant que je me sente un peu fatiguée. Je suis un champ de bataille.

De retour chez moi, je me fais un petit café, tout va bien. Je me précipite sur mon ordinateur prendre mes mails et noter les impérissables pensées de ce premier jour de chimio. Tout s'est bien passé. Je vais bien. Pour laisser mes petites armées prendre position, et comme je me sens un peu lasse, je prends place sur le canapé et me prépare à faire un petit plongeon télé. Il doit bien y avoir une petite série américaine débile qui me permettra de somnoler en tenant la zapette d'une main experte.

La nausée

Le mal intime

Mais voilà que monte en moi une espèce de raz-de-marée assez louche, un peu comme un mal de mer. J'ai l'impression d'avoir au centre de mon corps une masse vaseuse et visqueuse qui tourne et menace de répandre partout son contenu désagréable. En moi, tout devient glauque, trouble, incertain. Ma bouche se crispe et mes narines se pincent, ma gorge se serre et mon souffle se fait court. Impossible de respirer librement, de me lever, de marcher. Tout tourne. Je pèse des tonnes, l'air autour est lourd et opaque. Un gros brouillard épais m'envahit tout entière. La nausée est là.

Et la colique, mon ventre est déchiré de douleurs courtes et d'aiguilles longues. En même temps, mes yeux s'alourdissent et se voilent, ils tombent tout au fond de mon crâne. Une énorme torpeur m'envahit. J'essaie de me lever et le sol tangue, le mal de mer prend des proportions géantes. Je retombe sur le canapé que je ne quitterai pratiquement plus pendant les trois jours que durera l'implacable nausée de cette première cure de chimio. Une nausée rouge, pâteuse, visqueuse, amère et abjecte. Comme une infâme gueule de bois, un mal de mer absolu.

Ce premier jour, je ne me déplace pas sans une bassine, tant je crains à chaque instant de vomir. Le moindre geste, le plus petit mouvement et je sens que mon cerveau cogne dans mon crâne, pendant que monte le niveau de la boue rouge de mon ventre jusque dans ma gorge.

Rien à voir avec les petites nausées matinales, pourtant fort désagréables, qui signalent l'état de grossesse. La nausée de la chimio, et surtout la nausée de cette cure de FEC 100, est un état permanent de brouillard interne collant, gluant et sale, qui nous plonge dans une parenthèse de non-vie proche du coma.

Un voyage infâme

Trois jours. Pour moi, cela ne dure que trois jours. Un lac mou de trois longues journées avec leurs nuits semblables en tout point sauf que mon lit remplace le canapé du salon.

Abrutie. Somnolente. À cause de l'Atarax censé diminuer les nausées, probablement – à moins que ce ne soit un des effets de la chimio elle-même –, il m'est impossible de tenir debout. Impossible d'être bien assise. Je ne peux que m'affaler, à demi étendue, tomber dans la somnolence qui atténue les sons, estompe les lumières et brouille le temps. Une horreur.

Une horreur à traverser en solitaire. Sans parler, car la bouche est lourde, la langue épaisse, la gorge serrée. Sans parler, car les mots sont loin, perdus dans le brouillard rouge qui m'entoure. Sans parler, car la pensée est absente, le cerveau noir de bouillie infâme. Sans penser, mais également sans vraiment souffrir d'autre chose que de ce malaise généralisé. Sans penser, mais aussi sans me plaindre, sans chercher de réconfort, sans savoir où je suis et pourquoi je glisse doucement dans le néant. Impossible de parler, de penser. Juste essayer d'oublier qu'il est parfois vraiment très pénible de vivre. Oublier que c'est cela aussi la vie.

On me rend visite. Je sens, puis oublie, la présence amicale qui m'apporte de la soupe de légumes, passe l'aspirateur, fait la vaisselle. On s'approche de moi, je perçois une ombre lointaine, très lointaine qui chuchote des mots inconnus. Je reconnais l'amie, la voisine mais je ne peux ni ne veux rien faire pour elle. Juste rester affalée, portée comme un bouchon sur un océan de vagues en furie.

Et puis la marée recule

Et doucement la marée rouge abjecte recule assez pour dégager une lueur de vie.

Le rideau de brouillard visqueux se lève et mon esprit retrouve sa lucidité. J'ai faim. Je recommence à bouger, je peux marcher sans me tenir. Dehors, je sens que le jardin a entrepris de sortir de son doux hivernage. Grande est ma surprise de voir revenues ses couleurs. La lumière nimbe les arbres, comme une auréole de vitalité qui se serait réveillée en même temps que mes yeux parvenaient à la saisir. Mon énergie remonte peu à peu.

Quatre jours après la séance, j'essaie d'aller marcher un peu, dans le jardin d'abord puis sur le chemin. Je fais vite demi-tour, mon souffle est trop court et mes jambes trop molles pour me porter bien loin. J'atteins mon canapé à moitié morte d'épuisement et surtout de lassitude. L'envie de dormir, d'oublier, de sombrer me saisit à nouveau tout entière. Disparaître. M'anéantir. Oublier. Tout oublier. Ainsi, je m'endors. Et lorsque je m'éveille, j'ai faim, j'ai envie de prendre mes mails, de jouer avec les chats, de téléphoner à Pierre. La vie est revenue. Demain, j'irai dans les bois, demain on débouchera une bonne bouteille, dimanche on ira marcher au bord de la mer...

Un rythme de croisière

En fait, les trois premières cures se dérouleront de la même manière : trois jours abjects, cinq jours douloureux, en gros, une semaine dans le brouillard ; puis une semaine pour réapprendre à marcher, lentement car les jambes sont molles et le souffle court ; ensuite, une semaine pour respirer et avoir envie de vivre en dehors du canapé, de partager, de découvrir, de vivre avec les autres. Envie de prendre l'air, d'aller au restau, de voir des amis. Et noter tout ce que j'ai senti, perçu, imaginé. Et oublié, car le calepin qui ne me quitte pas se charge d'horribles gribouillis que j'ai parfois bien du mal à déchiffrer.

Et ça recommence, c'est la date de la nouvelle chimio. En général, je suis prête, presque pimpante, heureuse d'être sortie de la tempête. Plus j'avancerai dans les cures, plus il me faudra du temps pour émerger, plus la troisième semaine se raccourcira, dévorée par le malaise. Et la fatigue*. L'intense, l'absolue, la radicale fatigue. Celle qui casse les jambes, qui coupe le souffle, qui raccourcit les pas, qui limite l'espace. Qui pèse si lourd sur les yeux et la pensée que rien d'autre ne compte que de s'arrêter, se poser, ne plus bouger, ne plus parler, ne plus penser. Disparaître, oublier, s'oublier.

Et chaque fois, vers la fin de la troisième semaine, le ciel se dégagera, j'irai marcher sur la route qui longe les bois. Raisonnablement, j'évite de m'enfoncer sous les futaies, par crainte d'un malaise ou d'une brutale fatigue.

Pierre m'emmène au bord de la mer. Regarder les vagues, patauger les pieds dans l'eau, respirer l'iode et les embruns. Chaque excursion dans le monde des vivants est un bonheur gourmand sur lequel je me précipite. C'est si bon de marcher, de respirer, de voir les couleurs du monde. Et de boire un coup. Même si je ne déguste qu'un seul verre de vin, j'ai les larmes aux yeux quand nous décidons de déboucher une bonne bouteille. Trinquer avec Pierre devant le feu quand il pleut, dans le jardin à l'abri du vent quand il fait beau, c'est trinquer à la vie qui revient, à la vie qui n'est pas partie, qui se contente de me faire connaître ses dessous vaseux.

La deuxième cure

Bonne pour la suite

J'arrive tôt à l'hôpital pour qu'on me fasse la prise de sang qui décidera si je suis bonne pour la deuxième cure.

J'ai pris un comprimé d'Atarax hier soir, un ce matin, pour me mettre en condition. Mais j'ai arrêté l'antidépresseur, estimant n'en avoir nul besoin. Je supporte bien, sans excès, ce cancer ne me semble pas insurmontable. En revanche, je n'oublie pas le cachet d'Emend qui doit lutter avec moi contre les nausées et le patch de crème Emla (décidément, je l'aime, celle-là) pour ne rien sentir lorsqu'on me branchera la perfusion.

Tout se passe bien. Je vois le médecin qui examine les résultats de mes prises de sang, et me déclare bonne pour le service. Ensuite, allongée sur un des lits, j'attends mes produits, et j'observe les gens autour de moi, bien décidée à en faire le portrait dans le livre que j'écrirai sur mon cancer. J'oublierai ces portraits, le voyage improbable que tracera mon cancer m'écartant de l'idée de dépeindre les autres. C'est de l'intérieur de mon compartiment que je décrirai mon périple, sans trop me préoccuper des autres voyageurs.

Première chute des cheveux

De retour à la maison, je m'allonge sur le canapé en regardant le vent jouer dans les branches du laurier de

120

mon jardin. Je prends déjà moins de notes. Je rêvasse. Tout va bien. Je somnole. La marée boueuse m'atteint bien avant que la nuit ne tombe. Comme la dernière fois, comme les autres, brouillard, flou, écœurement, envie de vomir. Je ne garde plus de cuvette auprès de moi car j'ai compris qu'aucun vomissement ne viendra me libérer de la nausée.

Dans la soirée, allongée sur le canapé de mes misères, en laissant flotter un demi-regard vers la télé, je me gratte la tête sans penser à rien et me retrouve avec une poignée de cheveux dans la main. Cela me fait rire. Je suis prévenue, je sais que cela devait arriver. Drôle d'impression tout de même ! Des cheveux sombres, tout moches ! Décidément, je suis bien la seule à me croire blonde...

Et le lendemain, en me levant, j'en trouve sur mon oreiller, j'en vois dans le lavabo, sur mes pulls, sur la table de la cuisine. Cela devient plus que désagréable, c'est gênant. Je n'ai aucune envie de pouvoir être suivie à la trace comme un Petit Poucet cancéreux.

Alors, je demande à Pierre de me passer le crâne à la tondeuse. Je préfère me débarrasser tout de suite de ce qui finira de toute façon par tomber. C'est ainsi que je découvre que j'ai un assez joli crâne, pas trop déformé, assez rond. Sa surface est tachetée de zones sombres, là où les cheveux ont été rasés, et de zones plus claires, là où ils sont tombés d'eux-mêmes. Une sorte de pelade assez vilaine. Même si mon crâne n'est pas trop laid, ma silhouette ne gagne pas en élégance, mon visage perdant avec mes cheveux une part de son charme. C'est mon avis et même si tout le monde m'assure du contraire, j'en reste convaincue.

121

Les picots

Le soir, en posant la tête sur mon oreiller, je constate avec horreur que mon cuir à demi chauve me fait horriblement mal. Une couronne de picots, durs comme du métal, me déchire la tête ! J'ai le cuir recouvert de petites aiguilles qui m'entrent dans le crâne. Ce désagrément, à la limite de la douleur, me poursuivra pendant quelques semaines puis s'atténuera et disparaîtra alors que mon crâne prendra un aspect plus uni, presque tous les cheveux ayant disparu.

Ces douloureux picots seront les seuls inconvénients marquants pour moi de la chute de mes cheveux. Je couvrirai ma tête d'un des jolis bonnets de coton tricotés par ma voisine, un couvre-chauve pratique, léger, et assez gracieux. Et bientôt je testerai des foulards, toujours en coton, de couleurs vives ou pastel, en harmonie avec mes vêtements, tout un arsenal marrant et chatoyant pour cacher ma calvitie, éviter de prendre froid ou d'attraper un coup de soleil.

Lorsque ma petite-fille vient me voir, je m'amuse à soulever mon bonnet ou mon turban pour lui montrer mon crâne nu. Elle rit aux éclats et s'amuse à me tapoter la tête avec plus ou moins d'énergie. Puis elle me montre ses propres cheveux, souples et doux, et se couvre la tête de tout ce qui lui tombe sous la main, un foulard, un torchon, un panier, tout est bon. Elle rit aux éclats avec moi. Et je suis heureuse de sa gaieté, de ses découvertes, de la beauté du monde qui la fait rire.

Nous nous amusons ainsi toutes deux, ses cheveux à elles prenant de l'épaisseur alors que les miens disparaissent totalement.

Expérience femme

Seule, dans le secret de la salle de bains, j'observe ma nouvelle allure. Un sein en moins, une balafre en plus. Un pectoral gonflé jusque sous le bras. Un sein qui pique du nez, le téton tourné vers le bas, on dirait qu'il louche. Le crâne nu. La tête ronde et massive. La peau blette. L'air las et vide.

Les larmes me viennent aux yeux. Que suis-je devenue ? Quel genre de femme ? Même pour moi qui n'ai jamais beaucoup misé sur l'apparence, l'épreuve est rude.

L'image est dure. Blessée. Blessante. Et pourtant, même si le reflet de la glace proclame le contraire, je me sens être une femme dans le fond de ma peau, de mes veines. Femme tailladée, privée de tout ce qui fait l'apparence de la féminité, sans parler de son charme, mais femme intime, vivante. Femme blessée mais encore forte, femme puissante.

Car dans ce corps dévasté, méconnaissable, je suis moi. Sous ce crâne chauve, je suis moi. Je n'ai pas changé. Seule l'enveloppe s'est détériorée. Je me sens la même, en moi bat la même personne, la même femme, la même conviction de féminité. C'est d'une vérité totale, irréductible. Comment le dire mieux qu'en soulignant la force de cet implacable sentiment d'être moi-même ? Moi, Maryse, genre féminin. Depuis toujours. Pour toujours. Fillette espiègle, qu'on dit et qui se proclame garçon manqué, adolescente pubère engoncée dans un corps trop lourd ; jeune femme brûlante avide de corps à aimer ; mère allaitante, anxieuse, excessive peut-être ; femme mûre, ménopausée, puissante. Femme encore, femme toujours. Du genre féminin, avant même que d'avoir un nom, un prénom ou une adresse. Femme Maryse, femme Vaillant.

Avant de vivre l'expérience du cancer et de ses traitements, j'écrivais déjà qu'être femme n'était pas une question d'apparence, de séduction ou de parures, je ne savais pas à quel point cela pouvait être vrai. Mon corps n'a plus rien du féminin des magazines, mais mon expérience intime, mes sensations, mes émotions, mes pensées, ma vibration, tout en moi reste femme. Et c'est en femme que je souffre et en femme que je gagne chacune des épreuves de cette longue traversée. Et c'est aux femmes que je veux le dire. À celles qui sont malades comme à celles qui se sentent bien.

Le mal d'os

Les piqûres d'EPO

Chaque cure de chimio est précédée d'une prise de sang. Il s'agit de repérer le niveau des globules blancs et des plaquettes* avant de recommencer à injecter le produit qui les attaque. Pour moi, à partir de maintenant, elle sera également suivie de piqûres. Le médecin oncologue m'a prescrit des piqûres de Granocyte, un facteur de croissance des cellules souches de la moelle osseuse. L'EPO, bien connu des cyclistes dopés. La piqûre magique qui permet d'enchaîner les cures sans prendre de retard et me permettra de faire mes six cures de chimio dans les temps prévus, sans devoir être hospitalisée pour une infection ou la crainte d'une infection.

Un produit miracle donc, qui provoque toutefois de drôles de douleurs dans les os. Une espèce de torsion, comme une crampe interne, une lourdeur, une tension. Quand je pense que les cyclistes se font injecter ce produit pour démultiplier leurs performances, je me trouve bien douillette ! Pour moi, l'EPO, ça fait mal. Il faut dire que je suis à mille lieues de pouvoir endurer les souffrances que s'infligent les sportifs de haut niveau. Mon endorphine à moi, je la trouve en pianotant sur mon clavier d'ordinateur, pas en sadisant mon petit corps de rêve.

Les infirmiers et infirmières du centre de soins viennent donc piquer mon ventre dodu. Tantôt à droite, tantôt à gauche. Ils ont la main légère, je ne sens rien. La douleur vient après, la nuit par exemple, quand il me prend le désir de dormir, ou l'après-midi, quand j'ai envie de quitter mon canapé de misères pour aller respirer le vent de mes bois. Autant que le sommeil, la marche m'est devenue difficile. Et autant que le sommeil, la marche m'est nécessaire. C'est donc un sale moment.

Celle qui marche

Car marcher, c'est non seulement mon seul exercice, mon sport à moi, mais c'est aussi une démarche intérieure, un art, une conversation intime. Quelque chose entre philosophie et spiritualité. Une manière d'être. Depuis toujours, ici et ailleurs, je marche. Je marche toujours. Dans les bois, dans les rues, sur les chemins, à travers champs, de préférence sur un sentier ombragé.

Marcher, c'est sentir mon corps prendre le relais de mes pensées et, sans effort, entrer dans la douce zone quasi onirique qui aide à réfléchir et à dépasser crises ou embarras. Marcher, c'est rêver debout. C'est rêver devant.

Quand je vivais à Paris, je marchais pour éviter les odeurs du métro, pour délasser ma tête lourde, pour tenter de contrôler mes paniques ou mes passions. Longeant les rues vides ou surpeuplées, sur les trottoirs et les chaussées, souvent sans rien voir, en tout cas sans rien regarder, j'ai traversé Paris en tous sens. Jusqu'à l'abrutissement des sens. J'adore marcher jusqu'à la fatigue. Renifler la couleur du vent, la forme des nuages, les reflets des vitrines ou ceux des caniveaux et bientôt ne plus rien sentir d'autre que la lassitude au creux des reins, la lourdeur des pieds, la raideur de la nuque.

Mais marcher, ce n'est pas seulement aller quelque part, c'est surtout pour moi laisser aller ses pas, donner à son corps la liberté vigoureuse dont il aime abuser et à ses pensées la possibilité de se taire un peu. Au début, les soucis rythment la cadence, comme un tambour qui scande le pas, les idées s'enchaînent, maîtresses, logiques. Puis elles s'affolent, se cognent et se répètent. Et bientôt, elles deviennent absurdes, l'une d'elles se dédoublant à l'infini. Elles perdent le sens et la logique. Alors, c'est gagné, la marche ouvre l'espace infini du rêve et de la méditation. La marche, c'est alors la musique syncopée d'une transe intime qui débouche aux cœurs du monde, dans les chœurs du monde.

Ici, dans les bois, au bord de la rivière, je suis celle qui marche et qui renifle les saisons. Enfin, soyons précis, j'étais celle qui marche, je suis celle qui marchait, car mes os sont lourds et je peine à me déplacer. Je ne suis plus que fatigue. Alors, je rêve que je marche dans les bois, le long de la rivière, et cela me fait du bien.

Celle qui écrit

Quand je ne somnole pas, j'écris. Je prends des notes sur mon cancer et je travaille sur mon manuscrit en cours. J'ai toujours un livre en cours. Celui-ci n'aura même pas un grand retard sur le calendrier prévu avec mon éditrice. Le travail avance.

Quant au livre sur mon cancer, je l'écris en pensant à toutes celles qui vivent ce que je vis, dans la solitude, l'ignorance et la peur. Je veux leur parler, leur dire que nous sommes ensemble contre l'adversité.

Alors, tous les jours, pendant une heure ou deux, jusqu'à ce que la fatigue me tombe sur les yeux et alourdisse mes bras en raidissant ma nuque, ou qu'un petit relent de nausée vienne me rappeler à la réalité du moment, je viens retrouver mon ordinateur.

Dès le premier clic, je ressens le pincement de joie qui accompagne toujours pour moi l'écriture. Tous les jours – sauf la première semaine des trois premières cures de chimio –, je retrouve la jubilation des mots, des idées, des phrases. Ces moments-là échappent aux nausées, aux douleurs ou aux fatigues.

Quand j'écris, je suis vive, énergique, jeune, expérimentée, sage et profonde. Quand j'écris, j'ai vingt ans. Quand j'écris, j'ai mille ans. Je suis intemporelle. Quand j'écris, je suis libre. Quand j'écris, je marche.

Et pour mon plus grand bonheur, le cancer ne m'empêchera jamais d'écrire. C'est pourquoi j'en guérirai si facilement.

La crise de la troisième

J'y vais de bon cœur

Un joli bonnet sur la tête – le bleu je crois –, j'arrive à l'hôpital pleine d'énergie et de bonnes intentions. Je suis maintenant une habituée des lieux, c'est ma troisième cure, la dernière de FEC 100, et je suis suffisamment rodée à ses effets pour rassurer ou consoler qui aurait besoin de réconfort. Mais personne ne me demande rien.

Toute rayonnante de bonne volonté, je prends place sur un fauteuil, car les lits sont tous occupés. On m'installe la perfusion et la séance commence. Les produits antinauséeux en premier, puis le 5-fluoro-uracile. Ensuite, un lit s'étant libéré, je m'allonge plus confortablement alors que commence le goutte-à-goutte de l'épirubicine, le liquide rouge que j'ai dû associer à l'ensemble de la chimio car la nausée a pris pour moi cette couleur. À peine me suis-je allongée que le mal de mer commence à me faire vaciller.

Pour la première fois, le malaise s'installe sans attendre que je sois rentrée chez moi. Vertiges, nausées, mal de tête. Je ferme les yeux et somnole malgré moi jusqu'à la fin. Impossible de garder les yeux ouverts, de parler, de penser. Je glisse dans le trou infâme. À demi endormie, à demi assommée, à demi noyée.

Le retour en voiture ne m'accordera bien sûr aucun répit et j'échouerai sur mon canapé sans avoir repris ma respiration.

Une plongée abjecte

Trois jours de malaise sans interruption, je vomis en me lavant les dents, je me sens si mal que j'ai l'impression d'être en train de mourir. La quatrième journée ne m'apporte pas le soulagement espéré, bien au contraire. Alors que je m'éveille d'un sommeil comateux, une pensée perce mon esprit embrouillé : pourquoi me suis-je embarquée dans cette galère ? Certes, j'ai accepté d'emblée l'idée de mourir – de quitter la vie et ses angoisses, de perdre les bonheurs, mais aussi les peurs et les douleurs – mais jamais je n'ai envisagé de tant souffrir. Ce n'était pas prévu, pas dans mon contrat, pas dans mon projet. Un cancer, oui. Deux, pourquoi pas, ne soyons pas chiches ! Mourir à soixante-deux ans ? Ce n'est pas une prouesse, j'ai bien vécu. Mais souffrir, non ! Je n'en ai pas la force. Ni le goût. Ni le désir. Souffrir pour guérir. Non. Souffrir pour vivre. Non.

Ce n'est pas logique. C'est même idiot de se retrouver dans une telle contradiction. Le cancer ne me faisait pas souffrir avant que je me mette à le soigner. Donc, pourquoi le soigner ?

La simplicité de mon raisonnement me saisit par sa pertinence. Pourquoi engager avec la maladie ce combat boueux pour guérir d'un cancer dont je n'ai jamais souffert ? Si l'issue en est les soins ou la mort, pourquoi n'ai-je pas choisi la mort ? Pourquoi ne me suis-je même pas posé la question ? Depuis la mammo de dépistage, j'enchaîne consultations, examens, opération, ablation, analyses, piqûres et perfusions, obéissant strictement au protocole de soin du cancer du sein, sans penser une seconde que j'aurais pu choisir une autre voie.

Celle qui délire

Il aurait suffi de laisser faire les choses. Laisser le cancer m'envahir. Il existe des médicaments antidouleur, la morphine par exemple, qui peuvent aider à mourir en paix, pourquoi me suis-je jetée dans le projet fou qui consiste à entraver la marche de la maladie ? Pourquoi ai-je entrepris de traverser l'horreur des soins et en suis-je aujourd'hui à me battre pour sauver ce corps difforme, cette vie nauséeuse, cet esprit embrumé ?

Pourquoi se battre ?

Je rêve donc. Et si je vendais ma maison, je pourrais m'acheter une ou deux valises de shit, m'approvisionner en calmants en tout genre et partir sur une île lointaine, là où vivent de beaux jeunes gens nus. Dans une cabane au toit couvert de feuilles de bananiers, je regarderais la couleur du ciel en suçant des comprimés de morphine et en tirant sur des joints. Et je laisserais la mort venir.

La vision idyllique d'une mort ralentie, assourdie par le chant des vagues, hors temps, sans chimio, sans nausées, hors tout, me fait chavirer un peu. Le ciel est clair, la mer tendre, je m'assoupis sur une natte un peu raide en admirant le coucher de soleil…

Mais voici que je m'aperçois que je m'ennuie terriblement. Ciel, j'ai oublié mon ordinateur. Et mes chats. Je ne peux vivre sans mon ordinateur et sans mes chats. Donc, il me faut doter ma cabane d'un peu plus de confort. Mon rêve ne tient pas la route. Non seulement je n'ai aucune idée du prix du shit aujourd'hui, mais j'ai arrêté de fumer, y compris du tabac, depuis si longtemps que je ne sais même plus comment me rouler un joint.

Quant aux beaux hommes musclés qui réparent les filets, ils n'ont pas le moindre regard pour moi. Décidément, la natte est trop dure à mes fesses exigeantes et le rêve d'une mort rendue facile par la mer et le soleil est une vraie connerie.

Cette troisième chimio me rend déraisonnable. La projection dans une fin romantique est impuissante à dissimuler le raz-de-marée de détresse qui soudain m'assaille. Et le doute. D'un seul coup, je remets en cause toute ma démarche intime concernant ce cancer. Et si j'avais fait le mauvais choix ? Pourquoi m'être engagée sans réfléchir dans le parcours de soin ? Pourquoi être passée par la case cimetière, plutôt que par la case colère, avant d'aller à l'hôpital me faire opérer ? J'avais le temps de douter, de peser, d'hésiter. Pourquoi n'ai-je pas utilisé les délais pour me révolter avant que d'accepter ?

Toutes les questions que j'aurais dû me poser plus tôt me submergent. À quoi bon souffrir pour guérir ? Que se passe-t-il lorsqu'on ne se soigne pas ou qu'on arrête le traitement avant la fin ? Qu'est-ce que je deviendrais si je ne me rendais pas à la prochaine chimio ?

Les gifles de la réalité

C'est d'ailleurs en ces termes que j'interroge l'infirmière – venue pour les piqûres d'EPO –, la kiné – pour le drainage lymphatique –, et le médecin – pour la diarrhée qui ne me quitte pas et qui l'inquiète un peu. Leurs trois réponses me dressent un tableau assez précis des horreurs qui attendent celles qui ne se soignent pas ou qui ne poursuivent pas le traitement jusqu'au bout. Glaçant.

Tout le monde me répond gentiment avec la nuance d'amusement intrigué qu'on réserve parfois aux questions stupides des personnes qu'on croyait intelligentes. L'infirmière me parle d'une dame qui a refusé la chimio après avoir été opérée et qui est morte dans d'atroces douleurs, son corps entier envahi de tumeurs cancéreuses. La kiné me raconte les ulcères, les escarres, les insomnies, la violence d'un corps déchiré de douleurs que rien n'apaise. Ni la morphine ni rien d'autre. Le médecin insiste pour que je prenne l'antidépresseur qu'elle m'a prescrit et que j'ai abandonné le mois dernier, l'estimant inutile.

En les écoutant, je réalise non seulement la bêtise mais aussi l'injustice et l'égoïsme de mes réflexions. Penser qu'on peut mourir du cancer sans souffrance, c'est faire fi de l'expérience commune et, en ce qui me concerne, oublier la mort de ma mère comme celles de mes grands-pères. Tous ont souffert, tous ont gémi, tous ont appelé la mort avant que de s'éteindre. Et ça, je le sais. Quand j'étais jeune, j'ai même fait l'expérience du suicide et j'ai vu comme la mort peut être laide. Je n'en connais pas d'exquise, sereine et confortable. Il ne faut pas rêver. Même ceux qui finissent leurs jours doucement, dans les centres de soins palliatifs, traversent mille morts avant de s'endormir une dernière fois.

Quant à l'idée de préférer la mort aux traitements, c'est quelque chose d'envisageable lorsque la maladie a pris totalement les rênes et que survivre n'est qu'acharnement, mais cela ne correspond pas à ma détresse actuelle. Un peu de dignité, Maryse, tu es en bonne santé, ne va pas dramatiser. Le cancer du sein se soigne. Soigne le tien.

Non seulement ces questions sont prématurées, mais la pudeur voudrait que j'évite de les aborder avec des soi-

gnants. Avec mes soignantes. Celles qui viennent régulièrement m'apporter soin et réconfort. Ce que je fais là est
d'une cruauté stupide. Mes questions font injure à leurs
efforts pour m'accompagner vers la guérison.

Heureusement, comme ce sont des femmes intelligentes et chaleureuses, elles ne m'en tiennent pas rigueur.
Leurs réponses me plongent toutefois dans la plus grande
confusion qui tourne vite au désarroi absolu. Ce que je
comprends est terrible. Je suis prise dans la réalité comme
le fossile dans la pierre.

Là où j'en suis, c'est comme si je me trouvais engagée
dans un tunnel étroit où il m'est impossible de faire demi-
tour. Avancer, il me faut avancer. Je n'ai pas d'autre
choix.

Savoir profiter de sa chance

Alors, avec l'énergie qui me reste, tout en ayant l'humi-
lité d'avaler le cachet qui fait du bien, je reprends en main
les rênes de mon imagination. Laissons les palmiers, la
plage et les jolis jeunes gens musclés, et revenons ici dans
ma maison avec mon canapé, mon ordinateur et mes
chats. Et mes moyens de nantie pour apaiser mes angoisses autant que mes souffrances.

Et surtout, soyons lucides.

Puisque j'ai la chance d'avoir été dépistée à temps, de
bénéficier d'un entourage cordial, disponible et compétent, d'être traitée non seulement contre le cancer mais
aussi contre les effets indésirables des produits qui le trai-
tent, d'être prise en charge par un système de santé et de
soins qui me permet d'être soignée, je suis culottée d'envi-

sager préférer l'hypothèse de l'agonie que d'autres doivent subir faute d'avoir la possibilité d'y échapper. C'est comme le droit de vote. Je ne me reconnais pas le droit de m'abstenir de l'exercice d'un droit dont d'autres sont encore privées. Je ne saurais choisir le camp des nantis, de ceux qui peuvent négliger les chances et droits dont tant de monde est dépourvu.

Et puis, relativisons. Franchement, ce que je subis, ce n'est pas l'enfer. Justement parce que je suis soignée et suivie, traitée et bien traitée. Je ne souffre pas. Certes, j'ai des moments difficiles. De sales moments à passer. Qui passent. Et qui sont suivis de moments agréables. La mer n'est pas loin. J'ai la chance de pouvoir aller marcher sur la plage. Même sans palmiers, les côtes bretonnes sont géniales.

Donc, je reconnais que je déconne. Une petite attaque dépressive. Une plongée dans l'absurde. Puisque je suis malade et que je ne veux pas souffrir, il me faut continuer de me soigner. C'est la seule issue.

Quant aux petits malaises que chacun s'efforce de m'aider à dépasser, ils ne sont que passagers. Puisque j'ai accès aux soins et qu'ils existent, il me faut en profiter et me soigner. Me soigner puisque je peux le faire. Comme dans les enquêtes policières, j'en ai les moyens, l'opportunité et le mobile.

Alors prenons l'antidépresseur prescrit et soignons-nous. Et allons marcher sur la plage.

L'arrivée de Cachou dans ma vie

Depuis si longtemps, je rêve d'un chien

Malgré tout, reconnaissons que ça va mal. Cette troisième chimio est difficile. La nausée, la diarrhée, les maux de tête, tout se disloque. Je navigue à vue dans un océan de boue, quand une copine m'appelle pour me proposer d'aller chez des amis qui cherchent à placer des petits labradors.

Un chien. J'en rêve depuis toujours et le projet d'en avoir un commence à se concrétiser. Le mois dernier, je suis allée à la SPA où j'ai pleuré toutes les larmes que mon corps ne sait pas verser, déchirée de voir tous ces amours abandonnés. En fait, nous hésitons encore entre l'adoption d'un jeune animal recueilli ou celle d'un chiot que sa mère vient de sevrer. Étant donné mon état de marche, souffle court, énergie mesurée, dynamisme en veille, il serait raisonnable de différer un peu la décision. Mais j'ai vraiment envie d'avoir un chien. Deux peut-être, trois pourquoi pas ? Un chenil ? Je voudrais prendre tous ces malheureux qui ont été choisis, aimés et qu'on a décidé de rejeter, d'oublier, de délaisser voire de maltraiter.

Car j'ai pour les chiens une passion déraisonnable – je n'en connais pas de sage –, qui date de ma petite enfance. Et qui en a gardé bien des côtés infantiles. J'en suis consciente, j'ai l'amour abandonnique et je transfère facilement mes impossibles chagrins de fillette sur les chiens malheureux. Quand j'ai le moral en berne, me revient que j'ai une dette d'amour avec deux chiennes qui ont compté pour moi et qu'il me faudra bien l'acquitter un jour ou l'autre.

Comme beaucoup d'enfants malheureux

C'est pourquoi, depuis les années difficiles d'une enfance à la campagne et dans les faubourgs de petites villes, j'attends le jour où mon style de vie me permettra d'adopter un chien. Autrement dit, une chienne de taille moyenne voire grande, une bête sombre au regard tendre qui court librement, patauge dans les rus et les rivières, dort en ronflant et qu'on ne peut laisser seule. Avant de venir m'installer dans cette maison en campagne, je vivais en appartement, en grande ville, la question ne se posait donc pas. Depuis que je vis ici, à l'orée des bois, avec un terrain suffisant, ce sont mes absences régulières et fréquentes qui rendaient mon projet impossible. Pour avoir un chien, il faut avoir du temps pour s'en occuper. En attendant, je m'entoure depuis toujours d'un certain nombre de chats.

Actuellement nous tournons à quatre chats à temps plein, plus quelques visiteurs affamés. Autrement dit, la maison n'a jamais manqué de regards tendres et de cavalcades. Mais les chats sont autonomes. Une de nos voisines – celle qui justement a tricoté mes bonnets – ne refusant jamais de venir les nourrir en notre absence, je n'ai pas de scrupule à les laisser deux ou trois jours. Ce que je ne saurais faire avec un chien.

Choisir le chien, c'est donc changer de vie. C'est décider d'en finir avec les déplacements quasi hebdomadaires, les voyages, les trajets. Me recentrer sur ma maison et mon ordinateur. Prendre le temps de vivre. Et écrire puisque c'est ma passion. Choisir un chien, c'est prendre le meilleur de ce que m'apporte le cancer. La promesse d'une affection partagée, sans bornes, d'une présence aimante et de longues marches accompagnées dans les sous-bois.

Un engagement à vivre

Puisque je ne vends pas la maison pour aller mourir sur une plage, je vais donc prendre la décision du chien. Reste qu'aujourd'hui, je vais mal. Le trajet en voiture jusqu'à la mère labrador et sa portée est un vrai calvaire. Non seulement j'ai la nausée, mais j'ai aussi une de ces coliques épouvantables qui me fait demander qu'on stoppe plusieurs fois dans les bois pour que je puisse m'isoler derrière un taillis. C'est épuisée et nauséeuse que je découvre la portée de petits labradors noirs qui sautent partout. On m'a réservé la dernière, la plus petite, la plus douce. Elle est craintive. Ses yeux noirs me regardent avec un mélange de méfiance et d'espoir qui me font fondre. Je sais bien que je me projette en prêtant à la chienne des émotions que je crois connaître. Je sais également que je ne suis pas en forme et qu'il est probablement prématuré d'adopter un animal aussi turbulent qu'un chiot labrador. Je sais aussi que nous n'avons ni panier, ni collier, ni laisse, ni croquettes, rien qui permette de l'accueillir confortablement. Que la clôture du jardin par un grillage est terminée, mais que la barrière n'est pas encore posée. Je sais tout cela, et Pierre aussi, qui me couve d'un regard ému pendant que je pleurniche en tenant serré le bébé chien niché dans mes bras. Nous repartons donc avec elle. Dans la voiture, je lui trouve son nom, ce sera Cachou.

Cachou, une craintive petite croisée de labrador et de border collie, noire avec des reflets fauves sur le dos, des poils blancs aux pattes, des yeux vifs et une truffe fraîche. Un bébé chien qui sent bon et mange tout ce qu'elle trouve. Une chienne adorable, peureuse et aimante, soumise et docile. Une boule d'amour.

Un labrador tout de même, avec une grand-mère terre-neuve, autrement dit une bête qui a besoin d'espace et d'exercice. C'est ainsi que tout le temps que dureront mes soins, quelles que soient mes fatigues, je sortirai Cachou dans les bois. Elle me motivera à quitter le confort de mon grand canapé et me fera ainsi le plus grand bien.

Certes, elle fera des trous dans le jardin, s'éprendra de nos chats et voudra jouer avec eux, fera souvent tomber Léonie en lui souhaitant le bonjour à grands coups de langue. Certes, elle aura souvent plus d'énergie que moi, et n'obéira pas toujours aux premiers ordres, mais elle me tirera vers la vie comme elle tirera sur sa laisse tant que je n'aurai pas appris à la maîtriser.

Cachou, c'est le cadeau que le cancer fait à ma vie. Me permettre de réaliser un de mes vieux rêves, tout en harmonisant mon quotidien avec certains de mes désirs profonds. Cachou, c'est un engagement. Celui de ne jamais la laisser. Donc, de m'accrocher, sans fuir sous les palmiers, ni ailleurs. Ni maintenant que le cancer me retient dans mes foyers, ni quand seront terminés mes traitements et que j'aurai peut-être envie d'aller vers d'autres horizons. Cachou, c'est une réponse forte à des questions que je ne me pose pas encore, mais qui surgiront dans quelques mois, quand je serai guérie.

Quatrième cure, second protocole

Les taxanes

Quatrième cure de chimio. J'entame le second protocole. Puisque mon cancer est sévère, la tumeur de grosse taille, son stade avancé, avec un envahissement ganglionnaire important, le second protocole de ma chimio inclut les taxanes. J'aurai donc trois cures de Taxotère* à la suite des trois cures de FEC 100.

Je me prépare à de nouvelles grandes secousses, d'autant que les effets secondaires attendus ne sont pas des plus agréables. Outre les nausées, la perte des cheveux et la fatigue – nous sommes à la quatrième cure donc à la 11ᵉ semaine de perfusions –, je peux m'attendre à perdre cils et sourcils et à voir mes ongles se détériorer. Pour éviter cet inconvénient et surtout les infections qui peuvent se glisser sous l'ongle quand celui-ci se décolle, on me conseille d'utiliser un vernis foncé aux mains et aux pieds et de masser mes ongles plusieurs fois par jour avec de la crème Avibon.

Pour bien démarrer la journée de perfusion, en plus du cachet d'Emend habituel, j'avale 2,5 comprimés effervescents de Prédnisolone, de la cortisone, également pour éviter ou diminuer les nausées et vomissements. Sans oublier l'antidépresseur qui doit m'aider à garder la raison et l'anxiolytique qui m'aide à avaler le tout. Et la crème Emla en patch, sur la chambre implantable.

Ça y est, j'ai tout avalé ? Je suis prête, alors on y va.

Le médecin examine mes résultats d'analyse, m'interroge sur mes nausées, observe que je perds mes cheveux, insiste sur les gants réfrigérés, le rouge aux ongles et les massages des doigts à l'Avibon. Elle me rassure encore une fois sur les effets de la cortisone. Je n'en prends pas assez pour que cela me fasse enfler. La prise de poids sera réduite si je continue de marcher. Elle me conseille de le faire tous les jours. Je lui parle de mon chien. Elle m'écoute en souriant. L'affaire est rondement menée. Rien de spécial. Ni infection ni complication. Je suis une malade en bonne santé.

Direction la grande salle, je vais rejoindre les patients du lundi.

Les bonnes surprises des taxanes

Première bonne surprise, le temps de perfusion est moins long. Deux heures vont suffire au lieu des quatre ou cinq auparavant. Première mauvaise nouvelle, je n'apprécie pas beaucoup les gants réfrigérés. Ça fait froid, ça fait mal. Mais on ne me laisse même pas tricher. Quand il faut, il faut...

Deuxième bonne surprise, je n'ai pas la nausée. Pas tout de suite. Pas encore. Certes, je m'endors à moitié en rentrant en voiture, effet supposé de l'Atarax, le petit anxiolytique qui accompagne chacune de mes cures. Il ne m'a jamais empêchée d'avoir la nausée, mais, combiné à l'antidépresseur, il me met suffisamment hors circuit pour que le temps passe. Même s'il passe un peu sans moi, il passe sans trop de gêne et tout à fait sans douleur. Je suis bien shootée, mais protégée de moi-même et de mes mauvaises idées.

Et la journée passe comme ça. Je suis fatiguée, mais debout. Je prépare le repas. Je joue avec mon bébé chien, nous allons dans les bois. Les odeurs d'humus et les mille bestioles que je ne vois même pas l'excitent tant qu'elle court dans tous les sens et revient si vite lorsque je la rappelle qu'elle loupe ses virages et se casse la figure. Spectacle garanti. Cachou, la reine des équilibristes. Elle court dans mes bras, me lèche le nez, me bave dans le cou. Son odeur de chiot me fait fondre d'émotion. Possible que je retrouve avec elle des sensations oubliées, la trace indélébile des rares bons moments de mon enfance. Cachou, un passeport pour la tendresse.

Le soir, Pierre me trouve vraiment en forme. Pour fêter ça, nous ouvrons une bouteille de vin. Et je déguste mon verre avec la prudence d'un goûteur d'empereur fou et la délectation d'une survivante. C'est bon ! Vraiment bon. Je suis bien. Vraiment bien. Ma surprise est totale. J'ai l'impression de revenir de guerre, d'avoir évité les bombes, d'être une rescapée. J'ai échappé au feu ! Que m'arrive-t-il ? Les malaises attendus ne sont pas au rendez-vous.

Le lendemain encore, je vais bien. J'ai envie de me lancer dans un grand ménage. Déplacer quelques meubles. Pierre m'a offert un énorme bouquet de roses, il me faut le mettre en valeur.

Mais la nausée arrive, je la sens venir. Elle arrivera le troisième jour. Une nausée moins dense, moins pâteuse, moins rouge. Un autre goût, moins fort, moins présent. Ensuite, elle s'installe et se prolonge en brûlures d'estomac, en diarrhées, en crampes et petites douleurs diverses.

Je ne peux pas beaucoup marcher, mes jambes pèsent des tonnes, mon souffle devient de plus en plus court.

Et j'ai chaud aux joues. Je grelotte. J'ai comme de la fièvre. Mais ma température ne dépasse pas les 37,8 °C auxquels je suis habituée depuis le début des cures. Donc tout va bien. C'est nettement moins pire qu'avant.

Une nouveauté toutefois, le petit cadeau de cette nouvelle chimio : ma bouche se cartonne, j'ai l'impression d'avoir mangé du savon. Tout a la même saveur fade. Le jambon ou les crevettes, le pain ou les légumes, j'ai l'impression de mastiquer une pâtée fade assez difficile à avaler. Mais j'ai faim quand même. Alors, je mange.

Mal aux jambes

Les piqûres d'EPO poursuivent leur effet de gêne douloureuse dans les os et aussi dans les reins. Des courbatures dans les lombaires me font penser à l'arrivée d'un lumbago, mais non, ce sont ces bons vieux facteurs de croissance qui boostent ma moelle osseuse pour lui faire fabriquer les petits globules que le bon jus de la chimio détruit. C'est ainsi que je me représente les choses. Mon corps est un champ de mines, je suis la guerre des Gaules à moi toute seule. Les Romains attaquent, les Barbares résistent. En moi, cellules, molécules et globules se brûlent.

La nuit, je me tourne et me retourne dans le lit sans trouver le sommeil. Je n'ai pas le courage d'aller prendre un cachet d'Atarax, bien que je m'inquiète, ni de paracétamol, bien que j'aie mal. Même si le sommeil ne vient pas, la torpeur douloureuse qui m'engourdit m'empêche de me lever.

Je reste au lit à imaginer le pire. Une néphrite peut-être car je ne bois pas assez ? ou un lumbago ? ou un autre des effets secondaires que je n'ai pas encore inauguré. J'ai mal partout. Je somnole et je rêve mal. Tout est déchiré en moi, je m'émiette, je me dissous. Parfois, j'émerge d'un cauchemar pour regarder l'heure, je ne croyais pas dormir. Une sale nuit. Au matin, j'appelle le médecin. Elle vient comme toujours sans tarder, repère les douleurs dues aux facteurs de croissance, préconise du Doliprane et de la patience.

Le lendemain, ça va mieux. Je saigne un peu du nez quand je me mouche, de petits vaisseaux lâchent. À la fin de la semaine, je m'aperçois que mes sourcils ont commencé à tomber.

Pas si facile d'avoir un jeune chien

Je trouve Cachou très fatigante. Seule, je la contrôle mal, son énergie me déborde un peu. Quand nous allons dans les bois, j'y arrive déjà exténuée alors qu'elle explose de joie de vivre et d'excitation. Elle galope, je me traîne. Je me pose sur un tronc pour reprendre mon souffle et manque de m'y assoupir. Le chemin du retour est très dur. Je peine à marcher. Ma petite fofolle de chienne s'est calmée, elle me lance des regards inquiets. Je suis persuadée qu'elle sent que je suis en difficulté. Ou alors, elle aussi est fatiguée. En tout cas, elle tire moins sur sa laisse et me permet d'arriver à la maison sans m'écrouler avant d'atteindre le canapé. Il était temps, je m'y évanouis presque d'épuisement nauséeux.

Le dimanche, nous l'emmenons au bord de la mer. Il fait un soleil éblouissant. Nous marchons au ras des vagues et engageons la petite labrador à aller dans l'eau. Sa mère est terre-neuve, elle a les pattes palmées, elle devrait adorer nager.

Peine perdue, Cachou, qui craint tout, craint l'eau. Elle boit l'eau de mer, mais ne va pas se mouiller. Elle creuse d'énormes trous dans le sable. Et surtout, elle court partout, suit tout le monde et fait la fête à tous les enfants. Il nous faut sans cesse la rappeler. C'est dire que nous sommes bruyants et même un peu envahissants avec notre bébé chien. Heureusement que le mois d'avril, même s'il est exceptionnel cette année, n'attire pas trop de monde sur la plage. De retour à la maison, Cachou s'écroule et s'endort en ronflant. J'en fais autant.

Nous gisons toutes deux, affalées et heureuses, repues d'air, de mer et de soleil. Je suis heureuse d'avoir ce chien et de vivre d'aussi bons moments avec elle.

Cinquième cure

Aujourd'hui, c'est l'avant-dernière

Même rituel de petits cachets à avaler. Même rendez-vous rapide avec le médecin oncologue. Tout va bien. Mes bobos sont normaux. Les sourcils s'en vont, ils reviendront. Pour les douleurs d'os, prendre du paracétamol ; la bouche en plâtre et les divers problèmes digestifs, du Vogalène ou du Dompéridone. Ne pas oublier le vernis à ongles et le massage des doigts avec de l'Avibon. OK, ça va mal, mais pas trop, ça va mal, mais c'est normal.

144

La séance se passe comme d'habitude. Je me sens lasse mais tout à fait sereine. Mon regard balaie les autres malades et j'observe les femmes, celles qui ont un turban, celles qui portent un casque réfrigérant, celles qui reçoivent le liquide rouge que j'ai associé à mes nausées... On ne se parle pas. Je voudrais savoir ce qu'elles pensent, ce qu'elles espèrent, ce qu'elles craignent. Mais la discrétion prend le pas sur ma curiosité. Et l'occasion d'un échange plus personnel ne se présente pas. À vrai dire, mon désir de recueillir leurs confidences et de dresser leur portrait s'est sérieusement émoussé. Je suis bien trop lasse. Je me contente de noter mes propres impressions, en supposant d'ailleurs que bien de nos pensées se rejoignent.

De retour à la maison, je peux faire quelques bricoles avant de m'écrouler dans le canapé du salon. La fatigue est là, mais la nausée n'arrive que le lendemain. Moins massive, moins dégueulasse que celle des premières cures, elle prend son temps pour m'envahir. J'ai l'impression qu'elle a changé de couleur, de goût, d'odeur, presque de texture. Aucun doute, pour moi, ce n'est pas la même nausée, elle n'a pas la même intensité d'abjection que celle des premières cures. Je n'irais pas jusqu'à dire qu'elle est bonne, ni même qu'elle est meilleure, mais, comme disent les gosses, elle est moins pire.

Bonne mine

Je m'en réjouis, mais j'ai une très mauvaise surprise : je suis toute rouge. La face écarlate. Congestionnée. Rubiconde. Il me faudra du temps pour comprendre l'origine de cette rougeur qui ressemble à celle des bouffées de chaleur et qui peut d'ailleurs s'y associer, mais qui s'installe sur mon visage pour quelques mois. Il s'agit de la fameuse photosensibilisation provoquée par la cure de taxanes. J'ai dû prendre le soleil la dernière fois que nous sommes allés marcher au bord de la mer avec Cachou. Il faut dire que ce mois d'avril chauffe comme un mois d'août. Malgré la protection d'une crème solaire, j'ai dû subir une espèce de coup de soleil. Hélas, contrairement aux coups de soleil classiques, qui finissent par dorer un peu, celui-ci gardera sa coloration pourpre des mois durant.

Cette rougeur m'accompagnera bien après les chimios, pendant les séances de rayons et au-delà, provoquant d'étonnants commentaires sur ma bonne mine, même lorsque la fatigue me ratatinera sur mon siège. Il faut dire qu'avec mon sourire constant, ce teint vermeil fera facilement illusion. Me plongeant dans l'embarras. Car, enfin, certes, je ne veux pas qu'on me plaigne, mais cela me fait rager de voir tout le monde s'extasier sur mon teint fleuri ! J'ai un peu de mal à encaisser le sempiternel « En tout cas, tu as bonne mine ! ». Il m'arrive de regretter le teint verdâtre des cancéreux de mon imagination, rien que pour démontrer l'intensité de la fatigue qui ne me quitte presque plus. J'ai un cancer tout de même ! et des nausées ! et mal aux jambes ! Je ne veux pas qu'on me plaigne mais j'aimerais bien qu'on me trouve courageuse.

Pour cela, il faudrait que je maigrisse, mais c'est exclu. La chimio me fera prendre trois kilos, comme à tout le monde, m'assure-t-on, que je perdrai ensuite, croit-on. Moi, j'en doute. Car je sais que ma nature généreuse n'a pas besoin de ces rondeurs supplémentaires, j'ai déjà mon compte. Et surtout, l'expérience m'a appris que je ne perds pas le poids que je prends. C'est comme ça. C'est mon métabolisme à moi. Je suis une ronde, une gourmande, une femme qui aime manger et mange sans avoir faim.

Les traitements qui usent mon intérieur et déforment mon aspect physique me donneront donc une drôle d'allure. Ronde et rouge, sans cheveux et sans poils, privée de cils et de sourcils, borgne des seins et bancale du bras, voici mon nouvel aspect. Difficile à apprivoiser, difficile à supporter.

Sans oublier l'immense, l'éternelle et omniprésente fatigue qui noie toutes ces transformations dans un océan de glu.

La fatigue

Cette fatigue, presque constante, c'est pour moi la spécialité toutes catégories de ce cancer. Fatigue postopératoire, fatigue des chimios, fatigue des rayons, ce sera mon symptôme privilégié, le point commun, le trait d'union qui réunira toutes les séquences de mes traitements.

La fatigue m'assomme parfois sans prévenir. Elle me tombe dessus sans me laisser le temps de m'organiser. C'est comme une chute soudaine de toute énergie. Je m'écroule. Je m'endors comme si je m'évanouissais. C'est brutal. Vertigineux. Une tombée verticale. Le corps lourd et comme emmailloté, je ne bouge plus, ne pense plus. Quand la fatigue survient, je sens mes yeux s'alourdir et une sorte de douceur m'envahir. Impossible de résister, mes paupières tombent et mon corps, lourd, ne réagit plus. Une somnolence impérieuse qui peut me prendre lorsque je suis au volant et qui me poussera à prêter ma voiture pendant une grande partie du traitement. Le sommeil arrive, comme une bouffée d'anesthésie, irrésistible. J'ai le temps de dire à Pierre que je m'endors et je glisse dans le sommeil.

Cela dure une vingtaine de minutes, parfois moins, et je m'éveille, en forme, active, vive, gourmande, avec un grand désir de profiter de la vie. Ces petits plongeons comateux me ressourcent formidablement.

La sixième cure

La dernière enfin !

Les cachets, le vernis à ongles, le patch, le VSL*. Rien oublié ? On y va. C'est ma dernière cure, j'ai le cœur qui danse de joie. Tout se passe bien. Sans grand commentaire, le médecin me donne l'ordonnance pour l'hormonothérapie et la mammo à faire dans six mois. Elle passe le relais à l'équipe de radiothérapie. Je ne la reverrai que dans un an, rendez-vous est pris.

La nausée n'arrive que le vendredi, me laissant trois jours de vie presque normale dont je profite pour ranger mes papiers, arranger ma maison, écrire et promener mon chien. Là, c'est un gros boulot. Cachou, c'est la reine de la vitalité brouillonne. Elle jaillit comme une source, bondit, saute, court et danse. Une énergie à canaliser pour ne pas se retrouver dans quelques mois avec un labrador qui squatte le canapé, mange dans nos assiettes et démolit le jardin. Rien que lui apprendre à marcher sans tirer sur sa laisse est tout un art, c'est pourquoi Pierre l'emmène toutes les semaines à un cours d'éducation canine. Ainsi apprenons-nous à faire obéir une petite boule folle qui ne demande qu'à faire plaisir, mais qui mettra du temps à canaliser sa pétulance. Elle nous aime et adore exécuter des ordres ludiques, mais son attention est labile et il suffit que passe un chat pour qu'elle oublie ce qu'on attend d'elle. Par ailleurs, elle est terriblement trouillarde et la promenade en laisse devient un vrai rodéo si on croise un chien. Gros pépère ou petit agressif, tous ont le même effet sur elle, elle s'aplatit sur le sol et rampe de trouille, ou vient se réfugier dans nos jambes. Elle les craint tous.

Pour moi, le sport se complique car mon bras gauche ne doit pas faire de gros efforts. C'est dire que retenir dix à douze kilos de labrador fou, qui veut courir, je ne le peux déjà pas, alors, lorsqu'elle pèsera le double, cela deviendra un enfer. Il me faudrait me servir de mes deux bras et je n'ai pas oublié la liste impressionnante des précautions à prendre pour éviter le gros bras. Je pense d'ailleurs lui ajouter un item : ne pas promener son jeune chien en laisse avec le bras qui a été opéré... Alors l'éducation du chien est nécessaire pour obtenir de ma jeune labrador en folie qu'elle m'obéisse sans que je doive la contraindre physiquement. Ma voix devra être son contenant, sa référence.

Je rêve de voir venir les jours heureux où nous gagnerons sans peine l'orée des bois à pied ou en voiture et que je serai encore assez en forme pour marcher longuement et à mon rythme, tandis qu'elle détalera au loin et reviendra à mon rappel.

J'en suis encore loin. Toutefois, quand la nausée et la fatigue me laissent un peu de répit, je sors la chienne dans les rues tranquilles qui entourent la maison et elle essaie de ne pas me rendre folle. Ce n'est pas encore une promenade de plaisir, c'est une sorte de combat dont je ne sors pas toujours gagnante, mais c'est un exercice salutaire qui nous réjouit assez toutes deux.

Celle qui profite de la vie

Je me jette sur les plaisirs comme une ressuscitée : aller marcher dans les bois, respirer l'air de la mer, regarder jouer les vagues, écrire, recevoir la visite des enfants, chanter avec Léonie, jouer avec Cachou, partager un bon repas... Des pépites de bonheur !

Je réalise que la vie quotidienne est d'une beauté absolue, d'un goût exquis. Je me promets de ne jamais oublier comme c'est bon de marcher sans avoir mal au tibia, de boire du vin et d'en ressentir le goût, de se promener avec assez de force dans les jambes pour ne pas chanceler. Une promesse que j'oublierai naturellement et qui n'a pas grand sens. Lorsque je pourrai à nouveau m'activer sans douleur physique et sans malaise, l'angoisse et les soucis ordinaires de la vie rependront le dessus. Pour l'instant, j'en suis épargnée. On dirait même que je m'épargne. Le cancer a cet étrange effet qu'en prenant le devant de la scène, il estompe un peu le reste des difficultés de la vie. L'argent, les soucis, les enfants, tout ce qui nous embrume le ciel se trouve refoulé au second plan. Mieux encore, tout se passe comme si les effets secondaires déplaisants volaient la vedette à la maladie elle-même. La nausée me fait oublier le cancer. Et le cancer me fait oublier mes soucis. Alors, paradoxalement, en partant, la nausée qui devrait révéler le bon goût de la vie, risque de laisser revenir ses amertumes.

Mais je n'en suis pas là, pour l'instant, une heure sans nausée est une heure de bonheur pur. Et j'en profite pleinement.

7

La radiothérapie, six semaines de rayons
Sous le soleil exactement

Les séances préparatoires

Premiers rendez-vous en radiothérapie

Les séances préparatoires vont être réparties sur les quinze derniers jours de mai. Mon visage a gardé sa teinte violine, mes cils et mes sourcils ont totalement disparu. Heureusement, mon bras gauche va un peu mieux. L'œdème pectoral semble en bonne partie résorbé. Autrement dit, je vais assez bien, sauf lorsque me tombent dessus mes grosses fatigues. Mes énormes fatigues, celles qui m'assomment et me laissent momentanément sans vie.

Aucun souci pourtant, c'est normal ! Maintenant que la chimio est terminée, j'entre dans une nouvelle ère. Rien ne peut être pire que les quelques jours boueux qui ont accompagné les cures, j'en suis convaincue. Il me suffit d'ailleurs de penser que la nausée ne reviendra pas pour me sentir bénie des dieux. Pour l'instant, elle n'a pas encore disparu, mais sa présence légère n'a rien à voir avec ses agressions précédentes. Je suis un peu barbouillée, je ne me sens pas pourrie de l'intérieur. Autrement dit, tout va bien.

Les mesures

Avant de commencer les séances de rayons, il va falloir que le service de radiothérapie prépare minutieusement le programme qui me sera appliqué pendant 6 semaines à raison d'une séance de rayons chaque jour. 6 semaines × 5 jours = 30 séances de rayons. Cela me semble long et fastidieux, puisqu'il me faudra aller à l'hôpital tous les jours, mais on m'a assuré que cela n'était pas du tout douloureux. Alors, je m'y rends de bon cœur.

Pour repérer exactement les zones à traiter et celles qui doivent être protégées, ainsi que pour calculer chaque fois la profondeur et la surface devant être irradiées, de nombreuses séances de mesures sont prévues. J'en ferai quatre en tout. Le repérage et le centrage se font sur un appareil appelé simulateur. Des photos sont prises, des radios également. Je vais aussi faire un scanner. Dans mon cas, on va irradier à gauche l'endroit où j'ai été amputée de mon sein, ainsi qu'une zone ganglionnaire au centre, au niveau de la clavicule. À droite, la partie où la tumeur a été ôtée, le reste du sein, et la zone ganglionnaire de l'aisselle. Au centre gauche, au niveau du sternum, une large zone ganglionnaire. Autrement dit, une très large partie de mon thorax, seins, aisselles et œsophage, va subir les rayons. Du sérieux.

Les premiers rendez-vous pour la simulation ne sont pas désagréables pour qui sait bien rester immobile sur un lit étroit et dur, dans une grande salle fermée, sous le souffle froid des climatiseurs. Les bras levés, posés sur des étriers, les jambes heureusement soutenues pour protéger les lombaires, il m'est arrivé de rester plus d'une heure et demie sans devoir bouger. J'avais heureusement prévu le coup et avalé une pilule de l'anxiolytique qui a accompagné mes séances de chimio. Un truc qui met dans le gaz, mais qui permet de rester coite et lourde sur une table métallique sans s'impatienter. Car lorsqu'il s'agit de mesures précises, ne pas bouger ne signifie pas ne pas s'en aller, mais bien rester telle qu'on nous a posée, positionnée, déplacée, repositionnée avec précision sur la table métallique. Pour moi qui ai les deux bras fixés, impossible même de me gratter le nez. Quant au moindre bâillement ou éternuement, il oblige à tout recommencer.

Reconnaissons que cette longue immobilisation n'est pas marrante. Heureusement, les choses iront vite dès que les séances de rayons commenceront. Reconnaissons également qu'il vaut mieux que le travail de repérage soit minutieux, inutile d'être brûlée pour rien, aux mauvais endroits.

Un corps à l'étal

Au début, on nous trace sur la poitrine des traits rouges, bleus et noirs ; ensuite seront tatoués des points bleus, discrets, qui se perdront dans les grains de beauté, les petites taches et autres pigments naturels de la peau. Le tatouage, censé être indolore, ne l'est pas tout à fait. Même moi qui ne suis pas douillette, j'ai fait la grimace à ce moment-là. Il faut dire que j'ai fini par trouver pénibles les diverses mesures et vérifications. Pour ne pas bouger, il faut se laisser faire. Laisser des mains expertes poser, déplacer notre corps – ne serait-ce que d'un centimètre –, le replacer. Il ne faut ni bouger ni parler. Ne pas aider. Ne pas vouloir accompagner le mouvement de la personne qui soulève nos hanches ou notre poitrine. La meilleure façon de l'aider consiste à ne pas le faire. Sinon, on amplifie le mouvement, ce qui rend son geste imprécis. Il faut donc faire le mort, faire le corps. N'être que bidoche.

Je garde en mémoire la photo qu'on a prise de moi alors que je suis allongée sur la table d'examen. Le crâne nu, le visage rouge, sans plus de sourcils que de cils, sans regard, je n'ai rien de féminin, en fait, je n'ai rien d'humain. Rien de vivant. Rien qu'un corps glabre à l'étal. Une pièce de boucherie.

Mon corps nu, rendu massif par l'immobilité, réduit à de la viande, offert à la manipulation comme un morceau de bœuf à la consommation, me plonge dans une sorte de sidération. Cette vision de moi – l'opacité d'un corps que les traitements ont dépouillé de toute séduction et que l'immobilité prive même de vie –, me poursuivra long-temps. J'ai beau savoir que je n'ai pas changé, que je suis restée moi-même, voir que mes cheveux repoussent joli-ment, qu'avec les cils, mon regard retrouvera sa lumière, ce que j'ai vu ne me quittera pas facilement. C'est un peu comme si j'avais vu mon cadavre à la morgue. Une viande défraîchie, inhabitée depuis longtemps, massive. Et qu'il faudra réveiller à force de volonté. En fait, la fameuse expression « se battre contre la maladie » dont tout le monde parle tant et que je ne comprenais pas trouve ici son sens. Il faut se battre pour rester vive, pour ne pas lais-ser la matière brute, animale, minérale, reprendre le dessus, se battre pour s'animer. Pour continuer à penser, rêver, douter, souffrir. Se battre pour animer un corps qui porte en lui sa mort et ne s'en étonne pas.

Les séances de rayons

Première semaine

Aujourd'hui, première séance de rayons. J'ai mon programme pour la semaine. Un programme qui ne sera jamais changé. Pendant toute la durée de la radiothérapie, chaque séance se déroulera de la même manière. J'arrive à l'heure fixée par le service et inscrite sur mon petit carton, je vais faire pipi, je bois un verre d'eau, je m'assieds dans une petite salle d'attente et on m'invite à entrer dans une cabine pour me préparer.

Il faut se mettre torse nu, sans bijoux, sans montre. J'enlève aussi mon turban et mes lunettes. Je me couvre d'un tee-shirt, car il me faut traverser une zone semi-publique et je débouche dans la salle d'irradiation*. Les jeunes personnes qui s'occupent de moi sont avenantes et joyeuses. Des manipulatrices et des manipulateurs, gentils et affairés, qui m'accueillent avec le sourire, me pèsent tous les lundis, déploient une grande feuille sur laquelle sont indiquées toutes les mesures me concernant, et m'invitent à grimper sur la table métallique où je dois m'allonger. Je suis sur le dos, les jambes surélevées, les bras coincés dans les mêmes étriers que lors des simulations. En fait, c'est tout à fait la même position. Le même inconfort, sauf que cela ne dure jamais longtemps.

Comme j'ai les deux seins atteints et une large zone ganglionnaire centrale à irradier, mes séances de rayons dureront entre 30 et 40 minutes. De longues séances donc, en général elles ne dépassent pas 10 minutes.

Un programme bien rodé

La première semaine se passe sans aucun incident. J'ai donné mon programme aux ambulances qui viennent me chercher en VSL. Chaque jour, à l'heure dite, une charmante ambulancière ou un charmant ambulancier vient me chercher une demi-heure avant le rendez-vous, m'accompagne jusqu'à la porte de la radiothérapie, m'attend et me ramène chez moi. À l'aller, nous devisons. Le sale temps de ces mois de juin et de juillet nous fournissant de quoi commenter, nous commentons. Au retour, je dors. Impossible de garder les yeux ouverts. Tout le monde m'assure que les rayons ne sont pas fatigants, pourtant, je le proclame, les rayons m'ont fatiguée. Certes, les effets de la chimio ne sont pas dissipés, la fatigue peut donc y trouver son origine. Quelle que soit cette origine, la fatigue a accompagné les six semaines que dureront les séances de rayons. Une fatigue fluctuante, ponctuelle, aléatoire, mais une fatigue massive, assommante, radicale. Une fatigue qui laisse toutefois largement la place à de forts bons moments. Les rayons ne sont pas douloureux. Je ne sens rien. Je revis et j'en profite pour marcher avec une Cachou de plus en plus obéissante. C'est génial.

La rencontre avec le médecin

Tous les jeudis, je vois le médecin. J'ai préparé ma liste de questions. En fait, ce n'est qu'une liste de petits bobos véniels, mais qui font mon quotidien, que j'expose donc dans l'espoir de trouver leur solution. Ma liste comporte cinq mots, cinq questions. La rougeur, l'œdème, les ganglions, la digestion, l'antidépresseur.

La rougeur de mon visage n'obtient aucun commentaire, rien à voir avec les rayons. Un effet de la chimio qui disparaîtra avec le temps. Le grand retour de l'œdème, pectoral et aisselle, est en revanche lié à l'irradiation. Pas de souci, tout gonfle pendant les rayons. Continuer le drainage lymphatique.

Comme je demande si les ganglions irradiés seront toujours efficaces ou si l'irradiation les met hors circuit, je suis assez froidement renseignée. « Mais voyons, en aucun cas la radiothérapie n'attaque des organes en bonne santé. » OK, je rassurerai ma kiné.

La digestion, je continue à avoir du mal à digérer. Estomac, intestin, la chimio poursuit ses dégâts. On me prescrit des antiulcéreux et de la cortisone pour m'aider à avaler.

L'antidépresseur ? Oui, c'est une bonne idée. Je peux continuer. Ordonnance m'est délivrée.

La fin de l'entretien me laisse un peu perplexe. J'ai un peu l'impression d'avoir raté un examen. Je n'ai pas dû poser les bonnes questions. On verra la prochaine fois. Puisque je dois voir ce médecin toutes les semaines.

Petits bobos et bons moments

À la terrasse d'un café

Il fait beau, en attendant Pierre qui ne va pas tarder à venir me rejoindre, je déguste une pression à la terrasse d'un café, au bord de la Laïta. Les nuages se sont éloignés, l'air est vif et frais, léger. L'eau danse et chante, rapide, d'un beau vert brun, chargée des boues que les pluies récentes ont arrachées à nos campagnes. Même si je déplore de voir la bonne terre charriée vers la mer, je ne puis m'empêcher d'admirer les jeux de la lumière danser dans la profondeur de l'eau. Tout est tendre, frais et vif autour de moi et la bière dans mon verre est lumineuse, fraîche et amère dans ma gorge. Je suis bien.

Après réflexion, j'ai décidé d'arrêter l'antidépresseur. Je pense ne plus en avoir besoin. Le plus dur est passé et de toute façon, il me faut vivre mon cancer avec les moyens du bord. J'ai été heureuse de pouvoir le prendre pour affronter les gouffres dans lesquels la chimio menaçait de me faire basculer, mais j'ai repris les rênes et ce qui m'attend n'a plus rien à voir avec ce que j'ai traversé. Les rayons, c'est une partie de plaisir, aucun besoin de me médicamenter.

En effet, à partir de maintenant, je ne prendrai plus aucun anxiolytique ni antidépresseur et bientôt, dès que ce sera possible, plus aucun médicament, même homéopathique. Mon armoire en est pleine. Depuis des mois, j'avale des pilules pour contrecarrer les effets des cachets qui accompagnent les conséquences des traitements... J'en ai marre de me gaver de tous ces poisons et de tous ces contre-poisons, et je suis vraiment contente de me retrouver dehors, en ville, à une terrasse, un verre à la main. C'est comme si la vie revenait, que je revenais à la vie. Je me sens vraiment très bien.

Une petite bière

En fait, à cet instant, à une terrasse, à l'ombre du soleil de juin, je vis comme une retraitée insouciante sans ennuis de santé, une nantie qui n'a pas de problèmes de fin de mois, une grand-mère qui ne se fait pas de bile pour ses petits-enfants, une compagne confiante en son compagnon, même une maîtresse de chien devenu presque docile. Suis-je deve-nue soudain inconsciente ? Un peu niaise ? Du genre : tout va bien dans mes œillères ?

Oui. Je le revendique. Est venu pour moi le temps de ne plus me faire de souci pour rien. Le temps des rayons sera le temps de la sérénité. Je me le promets. Plus inquiète de l'accueil que mon éditeur fera à mon manuscrit que de l'évolution de mon cancer, du sein qui me manque ou des sourcils qui ne semblent pas vouloir repousser, je constate que ma vie est belle et que je suis bien. Le bien-être ! celui qui fait vendre les magazines, le sentiment d'être en paix avec soi-même en respirant bien. Loin des laideurs du monde, loin de mes propres ombres, je soupire d'aise…

Toute à ma joie soudaine, sous le regard ironique de Pierre, je commande une deuxième bière. Que je bois vigou-reusement. À peine l'ai-je terminée que je le regrette, car la fatigue et la nausée m'assaillent. Il me faut rentrer. Assez amusé de ma gourmandise, et ravi de me voir revenue à la déraison, Pierre me ramène tendrement à la maison. J'ai mal au cœur, mais la chimio n'y est pour rien. Deux bières d'un coup, cela peut étourdir n'importe qui ; surtout quelqu'un qui vivote depuis quelques mois. Mais ces temps ralentis sont finis. Je retrouve mes excès. Le temps de la vie est revenu semble-t-il.

Le bon temps des rayons

Les six semaines se passeront sans incident. En fait, bien que l'idée de venir à l'hôpital tous les jours semble effarante, tout va très vite. La répétition elle-même, même si sa perspective peut faire peur, finit par être rassurante. Je me laisse porter par la simplicité d'une vie scandée par l'arrivée de l'ambulance et le retour inévitable de mes énormes fatigues. Pour le reste, tout va bien. Je marche, j'écris. J'emmène Cachou dans les bois, je la regarde dévaler les pentes, courir dans tous les sens, revenir haletante, me regarder avec toujours ce mélange de reproche et d'attente que je ne comprends pas. Nos chats acceptent bien la nouvelle venue, surtout le petit dernier, un malheureux tout pelé qui avait élu domicile dans le tas de bois, derrière la grange, et que j'ai entrepris d'apprivoiser.

Tout se passe bien. Mon torse commence à prendre la jolie couleur rouge des Anglais sur nos plages en début de vacances. À la fin du traitement, il sera, comme à la fin de leurs congés, devenu rouge brique. En parfaite harmonie avec ma face rubiconde.

Mes cheveux repoussent. Ce matin, j'ai même fait un shampoing. Pour un demi-millimètre de cheveux, c'est

162

rapide. Mais c'est vraiment très très agréable. Un signe du retour inévitable de la vie dans ma vie.

Pourtant, j'ai encore bien des petits tracas. En premier, comme j'ai du mal à avaler, il me faut prendre de la cortisone pour éviter que cela n'empire. Le moindre cachet a du mal à passer. Et la purée est préférable au beefsteak. Alors, je reprends de la cortisone et des sachets d'antiulcéreux pour que les rayons ne creusent pas mon œsophage irrité.

À part ces irritations, le fait que je tousse constamment et que je suis toujours fatiguée, tout va bien. Certes, une petite nausée résiduelle m'accompagne parfois, mais je reconnais qu'elle sait se faire oublier. Je garde un très bon souvenir de la bière bue en ville la semaine dernière. La première était délicieuse. J'aurais dû m'arrêter là. C'est un bon souvenir malgré le retour peu glorieux à la maison, la quasi-gueule de bois, les maux de tête, la nausée et l'horrible fatigue qui s'est ensuivie. La prochaine fois, je n'en boirai qu'une et je m'en réjouis d'avance.

Les brûlures causées par les rayons

Les huiles essentielles

Quand on pense aux rayons, on pense tout naturellement aux brûlures. En fait, chez moi, elles seront supportables. Sauf celles qui attaqueront mon téton droit, mon seul téton survivant. Là, elles seront terribles. J'en pleurerai de douleur. Et le médecin, compréhensif et surtout prévoyant, me prescrira, avant même que je m'en plaigne, un antidouleur radical, du genre à vous mettre dans le gaz, mais efficace. Et c'est tant mieux, car l'inflammation est telle que de cruelles crevasses attaqueront la base du téton, si profondément creusées que trois couches successives de croûtes finiront par tomber de ce petit bout turgescent. Malgré la pommade des allaitantes, le Castor Equi, je souffrirai du sein comme une damnée.

La première raison de cette brûlure est simple, cette partie de mon corps sera irradiée six semaines durant, alors que les autres ne le seront que pendant quatre ou cinq semaines. La zone qui entoure le mamelon étant le lieu initial de ma tumeur, il est normal qu'elle ait bénéficié du maximum d'attentions.

Mais ce n'est pas tout. Je pense avoir trouvé une autre explication. Pendant toute la durée des irradiations, j'ai appliqué sur ma peau, chaque soir, un mélange d'huile pure de calendula, d'huile essentielle d'arbre à thé et d'huile essentielle de niaouli (voir p. 216). Une transgression majeure aux règles édictées par l'hôpital. En effet, toute application de crème, huile ou pommade, est fortement déconseillée par le service dans lequel je suis traitée. Les corps gras risquant de potentialiser l'effet des rayons, la consigne est formelle et maintes fois répétée : ne rien mettre sur la peau.

Or, moi qui suis habituellement docile, j'ai désobéi. Sur les conseils d'une amie soignée dans un autre hôpital pour le même cancer du sein, j'ai appliqué ce mélange chaque soir, sur toute la zone irradiée. Chaque matin, je nettoyais doucement ma peau avec un pain surgras et je me présentais donc nette de toute trace d'huile à mes séances de rayons.

Le téton fantôme

Hélas, mon tartinage, bien que consciencieux, ne s'est pas attardé particulièrement sur le pauvre téton de mon sein droit. Ce misérable rescapé de la furie chirurgicale qui m'a sauvé la vie. Comme il ne se rappelle pas à moi, ni par des érections jubilatoires ni par la moindre douleur, j'ai fini par oublier un peu ce petit mamelon triste, piètre vestige d'un autre temps, où mes seins étaient ma fierté, ma seule vanité avec le bleu de mes yeux. Un temps où mes tétons pointaient de joie chaque fois que j'étais fière ou contente, qu'il faisait froid ou que je faisais l'amour. Un temps où je faisais l'amour. Un temps où je n'avais pas été amputée de la partie gauche de ma féminité.

Alors, j'ai oublié de tartiner profondément ce survivant avec mon mélange aromatique et le résultat est net. Et extrêmement douloureux. Bravo donc pour les huiles essentielles, car si tout mon buste avait souffert comme ce petit téton, je serais devenue folle. Ou shootée à mort les trois quarts du temps.

Une drôle de surprise viendra de mon autre sein, le disparu, feu mon sein gauche et son défunt mamelon. Une nuit, probablement suite à un faux mouvement, ou à un joyeux rêve, la douleur me réveillera. Et les deux tétons me cuiront, tous deux bandés, tous deux joyeux, tous deux douloureux. J'avais découvert la douleur du téton fantôme.

Amers dévoilements

L'œdème toujours

Depuis mon réveil de l'opération, mon inlassable et omniprésente gêne, c'est l'œdème qui gonfle ma poitrine sur toute sa partie gauche. J'ai là un plastron un peu dur, marqué d'une vilaine balafre, le genre pectoral de guerrier romain, qui a beaucoup crapahuté, sur tous les fronts, et qui en porte fièrement les cicatrices. L'œdème ne se contente pas de gonfler ma poitrine, il frotte également sous mon bras, me tire, brûle parfois, pèse lourd, ne se fait jamais oublier.

Quand je suis nue, ce pectoral gauche de centurion puissant, gonflé d'importance, bardé de cuir, fait face à un sein droit tout penaud, tout pendouillant, le téton piteux légèrement tourné en biais. De ce côté-là, j'ai plutôt l'air d'une vieille femme, du genre qui a allaité trop longtemps, au sein vide, encore légèrement gonflé mais incontestablement depuis longtemps et pour longtemps inutile.

Étrange figure d'une dualité que je croyais plus intime, cette vilaine image de la bisexualité me saisit par sa cruauté. Et sa vérité. Mon côté masculin est blessé mais vainqueur. Il arbore ses cicatrices avec fierté. Mon côté féminin est vaincu. Théoriquement sauvé par le bistouri, il ploie sous la force de l'âge. Homme à gauche, femme à droite. Jeune à gauche, vieille à droite. Jeune homme, vieille femme.

Car le cancer n'a atteint en moi que les organes de la féminité maternelle, maternante. Seuls les seins sont touchés. Tout le reste de mon corps et de mon âme – pensées conscientes et aspirations profondes – garde sa féminité, son imprégnation et sa culture de féminité. Quant à la vitalité qui me permet de supporter le voyage au pays des doubles et des troubles, serait-elle due à ma force masculine ? La femme en moi est touchée, la mère est blessée, mais le jeune homme reste fier. Il porte la cicatrice de l'amputation d'une féminité trop lourdement maternelle. Et moi, je regarde dans le miroir ma dualité psychique, crûment dévoilée, violemment exposée.

Jeune vieille

Il y a peu, je m'émerveillais de sentir cette féminité palpiter malgré ma silhouette abîmée. Aujourd'hui, face à la terrible image du jeune homme et de la vieille femme, le partage des genres me saisit moins que celui des âges. Jeune vieille. Geneviève.

Geneviève. Le prénom de ma mère. Elle disait « jeune vieille ». Elle se disait jeune vieille. Vieille avant l'âge. Vieillie par la vie avant que par les ans. Pauvre femme, à qui l'enfance n'a pas donné de jeunesse, et qui n'a pas eu le temps de vieillir. Cueillie par la mort avant que d'être vieille. Cueillie par le cancer.

Étrange court-circuit générationnel, étrange clin d'œil de l'inanalysé de ma cure. Alors que j'ai depuis longtemps dépassé son âge – tous ses âges –, je parviens à rejoindre ma mère et à regarder en face, dans le miroir, l'étrange figure que son prénom a inscrit en moi.

Jeune vieille Geneviève, jeune vieille Maryse, jeune homme et vieille femme. Sous le couvert des vêtements, mon corps marqué comme mon crâne nu témoignent non seulement d'une bisexualité foncière et ordinaire, mais également de la force générationnelle qui nous tient tous. Jeune et vieille je suis. Jeune encore, vieille déjà. Vieille femme attaquée dans sa maternité. Le plus drôle, c'est que mon cancer étant hormonodépendant, je vais devoir combattre en moi toutes les hormones sexuelles féminines de la maternité, progestérone et œstrogène. Comme si la maternité était difficile à combattre chez moi, dans mon côté femme, même vieille.

Quand le miroir sert d'oracle

Implacable résumé des tourments d'une vie, violence d'une figure intime projetée sur le banal miroir d'une salle de bains. Stigmates secrets que tout le monde dissimule sous le vernis social du quotidien. Je suis mise à nu par mon corps. Dévoilée par le cancer. Comme l'écorché des planches anatomiques, mon inconscient étalé sous mes yeux brûlants. C'est à vous rendre folle, à vous donner envie de casser le miroir. Je me contente toutefois de détourner le regard, timidement, humblement. Il est des blessures qu'on ne peut ni ignorer ni regarder. On ne peut que les accepter.

Qui aurait pensé que je souffrirais autant de ce que m'inflige le secret de ma salle de bains ? Croyant attacher peu d'importance à mon allure, je m'imaginais épargnée de nouvelles blessures narcissiques. Ce n'est pas le cas. Quand je me regarde, je ressens une honte vive qui me creuse comme un acide. L'image du miroir m'agresse comme une menace. Un oracle ? La figure avancée de mon destin ? Statue androgyne qui porte autant les signatures de l'âge que celles du genre, elle me guette peut-être pour m'annoncer les années à venir. Et c'est dur de savoir que rien n'y fera. Les ardeurs fringantes de ma jeunesse sont loin et les temps qui m'attendent sont des temps gris. L'âge, voici le cadeau amer que me fait ce cancer. Le vieil âge de la femme. L'entrée brutale et bruyante dans le dernier âge, celui de la vieillesse. Comment vivre vieille ? Comment vivre sa vieillesse ? C'est, je crois, la question que la rémission dévoilera et incrustera dans ma vie.

Petits arrangements avec la douleur d'être

Boiteuse du bras gauche

De l'œdème qui me gonfle le pectoral gauche, je peux dire qu'il me gonfle, tout simplement et tout trivialement. Il ne me quitte pas et ne me quittera pas de sitôt. Un peu comme le tampon qui authentifie la provenance d'une marchandise, il est mon estampille secrète. Opérée des deux seins et amputée du sein gauche ainsi que de tous mes ganglions axillaires, je suis pour longtemps une sorte de boiteuse du bras gauche. Je boite et je suis enflée. Cela me gêne.

Inlassablement, depuis des mois, avec douceur et patience, ma kiné poursuit sa lutte contre le retour incessant de cet omniprésent œdème. Elle vient deux fois par semaine pour le drainage lymphatique censé le résorber. Il s'est bien atténué pendant la chimio, mais la radiothérapie l'ayant réactivé, il faut reprendre presque comme au début.

C'est rageant, mais c'est normal. De nombreuses femmes privées des ganglions de la chaîne axillaire vivent avec une grosseur du pectoral et une espèce de renflement sous l'aisselle. À drainer, encore et encore. Heureusement pour moi, je n'ai pas besoin d'aller à l'hôpital les faire ponctionner. Le drainage manuel suffit. Donc, cet œdème est modéré. C'est moi qui en fais toute une histoire. Moi qui lui donne ses lettres de gloire en y voyant la cuirasse d'un guerrier. À croire que je ne sais pas souffrir en silence, humblement, et qu'il me faut ironiser sur tous mes bobos pour en faire des événements.

Pourquoi ne pas rester plus prosaïque ? Pourquoi ne pas laisser à l'œdème la place d'un inconvénient mineur dans la galaxie des effets secondaires que les traitements occasionnent ?

Parce que j'aime scénariser mes blessures et les illustrer en couleur pour m'en amuser. Parce que la vie quotidienne prend autant de place dans mon imaginaire que dans la réalité objective. Et que le moral – qui est l'art de surnager dans l'écume des jours – s'aide beaucoup de cette petite capacité à bricoler l'ordinaire, pour l'arranger un peu.

Certes, je pourrais passer sous silence les maintes écorchures d'amour-propre que le cancer m'inflige. Je pourrais également dresser la liste interminable des gênes quotidiennes – c'est peut-être d'ailleurs ce que je fais –, et m'en servir pour me plaindre de la vie. J'ai choisi d'en faire un récit, de m'en amuser parfois, d'en écrire quelque chose toujours. Donc, de me donner les moyens de penser. Penser toujours même ce qui me fait peur, même ce qui me glace d'effroi.

Entre amertume et amusement

Car le désir se meurt parfois. Pour poursuivre ma route, pour ne pas baisser les bras, pour tenir à distance mes moroses petites pensées, j'ai besoin d'énergie. J'ai besoin de renouveler mon désir de vivre. Me ressourcer, découvrir le stimulant qui permet d'aller de l'avant. Il m'arrive de puiser au cœur même de ma capacité à osciller entre amertume et amusement. Sur le fil de l'inconstance. Sur la crête changeante de mes humeurs.

En effet, même s'ils s'accumulent parfois, tous les tracas finissent par s'user et par s'oublier, ne serait-ce que l'espace d'un instant. C'est le moment de saisir les clins d'œil que nous fait la vie, ses cocasseries comme ses enchantements.

Cela demande un peu d'entraînement ou plutôt une sorte de vigilance. C'est comme un jeu. Un exercice, qui consiste à regarder le désespoir et la violence, tout en refusant de laisser leurs laideurs envahir la vie. Je refuse de n'être que cancer, œdème, cicatrice, nausées. Je suis une femme qui pense, qui s'amuse et qui rit. Une femme que le fiel de la vie ne rendra pas amère.

Comme toutes les autres, je passe par d'infinies petites souffrances, de minables et lancinantes écorchures d'amour-propre, des bobos intimes, des trous de lassitude, d'abattement. Comme toutes les autres, j'ai mes petits bonheurs bien à moi. Quelques carrés de chocolat, le ronron d'un chat, le regard du chien, un verre de bon vin, le rire de Léonie.

Toutes, nous traversons les épreuves. Toutes nous les dépassons. Ne serait-ce que pour en affronter de nouvelles. Ce n'est pas un combat glorieux. Il nous arrive de pleurer dans le noir. Mais la nuit de nouvelle lune ne dure qu'un temps. Bientôt surgit la fulgurance d'un répit, et le bonheur d'être nous fait de l'œil. Qui n'a jamais apprécié l'instant délicieux où la migraine s'estompe pour laisser venir une douce euphorie ? C'est ainsi que la galère d'un œdème fait disserter sur la bisexualité psychique et qu'un téton qui louche amuse celle qui boite d'un bras. Quant au sourire du chat qui dort, ou aux gémissements du chien qui rêve, c'est aussi bon qu'un vent frais sur la nuque. Le cancer serait-il un itinéraire possible vers la sagesse ?

8

L'hormonothérapie
Un grand coup de ménopause

Déclarée en rémission

C'est officiel

Je suis déclarée officiellement en rémission*. C'est le médecin oncologue qui me l'a dit. « Alors, je suis guérie ? » lui ai-je demandé, faussement naïve, mais vraiment contente – presque excitée en fait – d'en finir avec tous les traitements. Là, il m'a cadrée avec sa précision habituelle. « On ne dit pas guérie. On ne parle pas de guérison mais de rémission. »

Soyons lucides. Statistiquement, j'ai toutes les chances de ne développer ni métastases ni récidives. C'est tout. Aucun examen ne peut vérifier que mes cancers sont partis, aucune prise de sang ne peut aller fouiller au fond de mon sang pour s'en assurer. Je suis en rémission, car tout a été fait et qu'à part l'hormonothérapie on ne sait plus quoi faire pour lutter contre ma maladie. Mon prochain rendez-vous pour une mammo de contrôle est pris. Ce sera la seule vérification possible : voir si mon sein restant est net de tout cancer. D'ici là – dans trois mois –, on me laisse tranquille.

En fait de rémission, il s'agit bien de celle des traitements ! On me fiche enfin la paix avec les soins douloureux, toxiques et agressifs.

J'ai regardé dans le dictionnaire pour voir la signification exacte de ce terme qui semble si fort lorsqu'il s'agit de religion – on parle alors de rémission des péchés et il s'agit d'un pardon définitif – et qui semble très prudent lorsqu'on parle du cancer. Si j'avais commis un crime, il me serait définitivement pardonné. Comme je suis malade, je ne suis que provisoirement guérie. Mais ce provisoire peut durer très longtemps.

Quand le médical se dissipe

En tout cas, à partir d'aujourd'hui, je ne vais plus à l'hôpital. La voiture ne vient plus me chercher tous les jours. Les infirmières ne viennent plus me piquer ni me faire de prises de sang. Le médecin ne vient plus prendre ma tension, demander des analyses de mon sang, me prescrire des antibiotiques, de la cortisone et un antidépresseur pour me permettre de supporter toutes les agressions des traitements qu'on m'inflige.

Je remarque la cessation brutale de la présence médicale. Jusqu'à hier, je rencontrais chaque jour des professionnels spécialisés en oncologie. Tous les jours, j'allais à l'hôpital, quelqu'un regardait mes analyses sanguines, lorgnait sur ma tension, vérifiait l'état de mes jambes, les rougeurs et les brûlures de ma gorge et l'œdème de mon torse. J'avais l'impression d'être sous haute surveillance, ma température, mes vertiges, mes fatigues, tout cela intéressait forcément quelqu'un.

Et puis, soudain, plus rien. Je ne vois plus personne. Si la kiné, fidèle travailleuse obstinée, ne continuait pas à venir me presser le bras doucement, je resterais seule avec mon corps bancal.

Un parcours bien balisé

Le cancer du sein est bien soigné. Sa route est si bien balisée sur le plan médical, son tracé est si fermement dessiné qu'on se sent invitée à suivre. C'est un peu comme les marques des GR pour les marcheurs rêveurs qui laissent leurs pensées s'envoler. Il suffit qu'au coin de l'œil se devinent les traits rouges et blancs, pour que les jambes avancent même quand l'espace et le temps ont perdu un peu de leur réalité. Les soins du cancer du sein procurent un peu cette sécurité piétonnière. Tant qu'on ne fait pas du hors-piste, on ne craint rien. On peut laisser la pensée s'envoler, rire des bobos et ricaner de soi-même, toutes les fantaisies sont possibles puisqu'on ne doit pas décider de son itinéraire.

Tant que le médical l'a emporté sur le fantasmatique, j'ai tenu la route. J'ai rêvé, j'ai anticipé ma mort et me suis souvenue de celles des autres, j'ai constaté mes blessures et sondé mes souffrances. Tout m'était permis. En aucun cas, je n'avais le pouvoir sur mon traitement. Tant que le médical m'a rattrapée lors de mes petites excursions folles, j'ai progressé. Maintenant que le médical s'est replié, à moi de décider de mon chemin. J'en suis déconcertée et ravie. Troublée d'être lâchée soudain dans la nature sans balise et sans guide. Je n'ai plus de cancer, mais je ne suis pas cer-

175

taine d'être guérie. Je n'ai plus de soins, mais la fatigue continue parfois de m'assommer. Je ne vois plus de médecin, mais mon corps bancal ne va pas vraiment bien.

Sans repère

Pourtant, je sais qui appeler en cas de besoin. Je sais que mon médecin ne tardera pas à se pointer si je parle de fièvre, de tristesse ou de douleur. Que mon pharmacien saura toujours m'écouter, les infirmières me conseiller… Sans compter ma fille qui me téléphone tous les jours, même lorsqu'on se voit, pour savoir si je ne suis pas trop fatiguée. Sans compter mon compagnon, aussi vigilant à ma lassitude qu'à mes douleurs ou à mes états d'âme. Donc je suis bien entourée.

Mais je sais d'autres femmes plus solitaires, plus isolées, moins soutenues. Que se passe-t-il pour elles le jour où la présence médicale disparaît et qu'elles restent seules avec – ou même sans – la petite pilule quotidienne à prendre pendant cinq ans ? Un rendez-vous dans trois ou six mois pour une mammo de contrôle ; et rien d'ici là.

Vous imaginez la solitude ou la détresse de celles qui se retrouvent seules après avoir été tellement entourées ? Seules avec le cancer en rémission. Seules, sans même qu'une parole médicale énonce le quitus, la formule magique : « Vous êtes guérie ! » Comme un juge qui laisserait partir le repris de justice sans lui dire qu'il est acquitté ou sans informer ses voisins qu'il a purgé sa peine. Comme un lauréat qui descendrait de l'estrade sans son diplôme. Comme une accouchée qui part de la clinique sans son bébé.

Sommes-nous devenues des cancéreuses sans cancer ? Comment vivent les cancéreuses sans leur cancer ?

L'hormonothérapie

Cinq ans de pilule

Revenons sur ces cinq ans d'hormonothérapie*. Une chance et une calamité. La chance, c'est qu'un cancer hormonodépendant ne récidive pas si on le traite en hormonothérapie. La calamité, c'est que la suppression des hormones n'a pas que des effets positifs, loin de là.

Ménopausée à l'âge de cinquante-huit ans, je suivais un traitement hormonal de substitution que j'ai dû arrêter dès que la mammo a montré des taches suspectes. Aujourd'hui, avec ce cancer, je dois bien comprendre que l'hormone féminine est mon ennemie. La moindre hormone sexuelle peut faire repartir mon cancer du sein et ses horribles métastases.

La pilule revient donc à ma table de petit déjeuner. Cette fois-ci, il ne s'agit plus de me donner les hormones qui me manquent, mais bien au contraire de me priver de toute hormone sexuelle féminine. L'hormonothérapie est un traitement antihormonal.

Un traitement antihormonal

La plaquette ressemble en tout point à celle de ma jeunesse, indiquant le nom des jours pour me permettre de savoir où j'en suis. Car il ne faut pas l'oublier. Je me demande bien pourquoi d'ailleurs, si j'oublie un jour, je ne crains pas de tomber enceinte, ni de voir surgir un petit cancer instantané. Pourquoi être si exigeant ?

Mon médecin m'assure que je ne peux jouer avec les hormones, que mon cancer était très sévère et qu'il peut repartir, comme tout cancer. L'hormonothérapie est la partie la plus importante du traitement. Aussi efficace que la chimio et l'opération. Indispensable complément aujourd'hui, cela peut devenir le traitement central de demain.

Donc, on ne blague pas avec l'hormonothérapie. Alors, j'avale la pilule.

Pourtant, cela ne me convient pas. Je me cabre, je boude un peu. Je renâcle. Pourquoi devenir rétive au traitement ? Qu'est-ce qu'une petite pilule quand on a été gavé de chimio ? Pourquoi dire que cette thérapie efficace et magique est une calamité ?

C'est parce qu'elle fait revenir les symptômes pénibles de la ménopause* et que cela m'épuise. Bouffées de chaleur, sautes d'humeur. Ce n'est rien à côté des nausées ou des brûlures, mais c'est lassant, pénible, dérangeant et surtout cela survient dans un corps abîmé, une vie secouée. Et un moral en déroute. Car l'antihormone agit sur l'humeur et rend difficile le jeu avec les cocasseries du jour. J'en perds mon humour. L'antihormone est un antiplaisir. C'est comme si la pilule elle-même cassait le désir de l'avaler.

L'antihormone, l'antiféminité

Une pilule qui garantit la mauvaise humeur, c'est sympa, non ? Et comme elle a pour effet de bloquer la production d'hormones féminines, c'est aussi la pilule de l'antiféminité. Donc la promesse de l'âge, la pilule de la vieillesse. Je n'ai pas besoin de me planter nue devant mon miroir pour savoir combien cette pilule est amère.

J'ai beau savoir que la féminité vibre en moi comme ma vie même, et qu'elle n'est pas dans le sein, le lait ou la maternité. Que cette dernière n'est plus dans mes projets, et qu'il fait bon d'être grand-mère. Que j'ai mon âge et que je l'aurais même sans cette pilule quotidienne. J'ai beau savoir tout cela, je trouve violent, caustique et cruel de devoir prendre tous les jours le cachet antimère, anti-femme, antijeune.

Comment y échapper ? Ce serait prendre le risque de laisser se réveiller le cancer du sein. Et d'avoir à recommencer le parcours du combattant que je viens de traverser. Pour l'instant, la fatigue et la lassitude sont telles que je ne veux plus voir de médecin ni subir d'examen, ni prendre de médicament. Si j'avale la pilule c'est pour me garantir de ne jamais plus jamais retomber malade. C'est pour aller mieux, chaque jour un peu mieux. Donner à mon corps le temps de se refaire et à mon esprit celui d'avoir envie de revivre.

Le grand retour de la ménopause

Voilà que ça recommence !

Comme il y a cinq ans, j'entre en ménopause. J'ai droit à de brutales et pénibles bouffées de chaleur, qui me vont virer écarlate et toute suintante. Mon crâne, où commence à repousser un dense duvet gris, ruisselle. La sueur me dégouline sur les yeux, mes rares sourcils en cours de repousse étant trop courts pour arrêter le déluge. J'ai chaud, je transpire, j'ai froid, je grelotte. Le grand pied !

J'espérais que la longue et pénible traversée des traitements toxiques enfin terminée, la fatigue abominable et les nausées enfin dépassées, surgirait la clairière d'une paisible convalescence où je me laisserais aller au confort et à la joie d'être bien vivante et enfin débarrassée de tous les bobos et misères du cancer. Au lieu de cet éden rêvé, je débarque au pays des mémés, au plein cœur de la ménopause rugissante. Sous le soleil des bouffées de chaleur. Avec la perspective des sautes d'humeur, de la sécheresse vaginale, de l'ostéoporose et de la fracture du col du fémur. Un avenir éventuel qui ne me semble pas bien réjouissant.

Pourquoi une telle acrimonie pour les petites misères de l'âge alors que ce traitement promet d'écarter toute récidive de mon cancer du sein ? Pourquoi râler contre les bouffées de chaleur alors qu'elles vont tenir éloignées de moi les nausées d'un retour d'une éventuelle chimio ? Pourquoi craindre de petits inconforts alors que je suis rescapée de deux tumeurs malignes à haut grade dont l'une était très avancée ? Serais-je donc devenue déraisonnable ? Ou exigeante ?

La réalité est toujours là

En se retirant, comme la marée sur l'estran, la menace du cancer non seulement laisse des vestiges, mais découvre également les rochers que les traitements avaient fait oublié. J'aurais voulu une longue plage de sable fin pour me reposer, faire une halte entre les méfaits du cancer et ceux de mon âge. Mais ce n'est pas prévu. Rémission du cancer, cessation des traitements, mais prolongation de la vie avec toutes ses aspérités, heureuses ou pas.

Quand la première ménopause m'est venue, je prétendais rire de tous ses désagréments. La ménopause rayonnante proclamais-je, l'heure des coups de chaud et des rougeurs émotives, pas de quoi en faire un drame ! Alors, pourquoi me mettre à craindre ce nettoyage hormonal ? Surtout que, pas plus que je n'ai souffert de tous les symptômes annoncés lors de ma ménopause naturelle, je ne devrais accumuler tous les malaises qui me sont annoncés.

Mais voilà bien le hic. Un hic important. Depuis quelques mois, depuis la chimio et les rayons, je sais que l'on n'échappe pas aux statistiques. Et que si tant d'effets secondaires sont craints, c'est qu'ils sont presque garantis. Je ne suis plus invulnérable. Je ne suis plus imperméable. Je sais que mon corps est fragile à défaut d'être faible et que je n'échappe pas au lot commun. Alors, je crains les effets de cette ménopause radicale. Vais-je voir me pousser la moustache des douairières, et les poils au menton qui font rire les gosses dans les cours de récréation ? Vais-je voir mes os se fragiliser, devenir dentelles et se briser à la moindre chute ? Ce traitement antihormonal est, je le crains, une poussée brutale et prolongée dans la vieillesse.

Les accès de mauvaise humeur

Voilà donc que je ronchonne. Voilà que je pleurniche. Deviendrais-je plaintive, agressive, insatisfaite ? Dix fois par jour, je suis au bord des larmes, pour rien. Des vétilles.

181

Des contrariétés. Ces petites choses qui se mettent en travers de mon chemin. Une tasse renversée, un retard, une erreur, et voici que je m'assombris, que je me désole, que je m'énerve.

Et pourtant, ce n'est pas mon style. Bien au contraire, je suis assez conciliante. Après avoir mis des années à dominer mes rages et mes passions de jeunesse, je m'efforce toujours de ne pas me rendre malade pour des vétilles. Le restaurant est fermé ? Nous irons ailleurs. Le film ne passe plus ? Nous en verrons un autre. Tu as raté la programmation de l'émission ? On regardera autre chose. Il n'y a plus de thé, d'épinards, de beurre ? Nous nous en passerons… Une stratégie fine et bien élaborée pour ne jamais être prise au dépourvu. Les frustrations ne m'auront pas. Je sais me passer de ce qui me manque.

Et voilà que des années d'entraînement sont réduites à rien par la suppression de quelques hormones ? Des larmes me viennent aux yeux parce que j'ai renversé un vase, oublié le sel, manqué l'heure du feuilleton, pris du retard pour payer une facture.

Quel rapport secret entretiennent donc les hormones avec la frustration ? Pourquoi le désir s'épuiserait-il dans les mille mesquineries que nous impose la vie quotidienne ? Il est normal de ne pas tout avoir au bon moment, de se heurter à la rugosité des choses. Un bon équilibre requiert qu'on sache surmonter ces petits inconvénients pour ne pas passer son temps à se faire de la peine ou à rendre impossible la vie des autres. Voici ce que je me dis, ce que je m'objecte, ce que je me reproche.

L'homme peut-il revendiquer d'être heureux ? La femme peut-elle mûrir et se bonifier avec l'âge ? La philosophie est-elle soluble dans les hormones ? Heureusement ces questions m'amusent. Elles m'occupent assez pour éloigner de moi le spectre de la mamie ronchonne, aigrie, que je ne veux pas devenir. Lorsque je sens que je commence à râler, à dramatiser, je me moque un peu de moi et cela passe assez rapidement. Juste le temps de sécher quelques larmes, de faire rire Pierre et de reprendre ma vie en main. Je n'ai pas fait des années d'analyse pour me laisser avoir par des hormones, tout de même !

Éloge de la tristesse

Lorsque les contrariétés n'empestent pas ma vie, ou que je surmonte leur désagrément, je retrouve mes petites errances tristes. Et j'aime bien. Comparée aux sautes d'humeur et à l'anxiété, aux milles piques de la contrariété, et surtout à l'étau oppressant de l'angoisse, la tristesse est pour moi un état stable, solide, presque rassurant. Un sentiment que je connais depuis l'enfance, qui m'envahit quand je ne me soucie ni de me protéger ni de plaire. La tristesse est ma musique de fond. Elle me donne la confortable impression d'être en pays connu et surtout en terrain stable. Là où l'angoisse vrille d'épouvantables aiguilles sans cesse plus acérées, sans cesse plus serrées, là où l'anxiété accumule les signes et les menaces, la tristesse pose son lourd et rassurant manteau. Certes, c'est un sentiment austère, aussi accueillant qu'un cloître, mais c'est une parenthèse de paix, sombre mais protectrice, qui adoucit la douleur d'être.

Hélas, l'opaque et protectrice tristesse laisse parfois percer la lumière crue de l'angoisse. Avec le retour d'une vieille question que je croyais réglée. Que vais-je faire de ma vie, maintenant que je suis guérie ?

Si je repense aux neuf mois passés depuis la mammo de dépistage qui m'a annoncé mes cancers, je vois les étapes d'un drôle de chemin. La mort que j'avais acceptée a laissé la place à la série bien réglée des traitements. Un protocole à suivre. Un chemin bien balisé que j'ai emprunté sans jamais m'égarer. Une route étroite mais précise que j'étais bien trop occupée à suivre pour penser à autre chose. Penser à mourir par exemple comme au tout début, penser à vivre comme maintenant.

Je crois avoir été la patiente idéale. Comme j'avais été une bonne élève. Studieuse. Obéissante. Gentille. Brave petit soldat. Faire ce qu'il faut. Faire ce qu'on doit. Suivre le programme, franchir une à une les étapes, se tenir en forme, se tenir prête. Ne jamais se dérober. Être à la hauteur de l'épreuve. En réalité, plus qu'un programme de soins, ce fut pour moi une injonction, presque une discipline. Ne pas se dérober devant l'adversité, faire son devoir. Voilà, le grand mot est lâché ! Le devoir. Femme de devoir, je suis. Et j'ai fait mon devoir, je me suis soignée. Je me suis donc débarrassée du superflu pour me consacrer à l'essentiel. Le superflu étant tout ce qui ne concernait pas le cancer et ses traitements fous. Mais aujourd'hui, je n'ai plus de traitement, plus de cancer, c'est quoi mon essentiel ? Écarter tout risque de récidive en prenant tous les jours la pilule qui me donne chaud au crâne ? oui, mais encore ? que vais-je faire de ma vie ? Je ne peux poursuivre ce que je faisais hier comme si de rien n'était, je ne peux continuer comme si j'étais toujours malade…

Comment vivre cet après-cancer comme une nouvelle étape dans la longue marche de ma vie ?

Prête pour la suite

Drôle de défi, en fait. Exercice difficile. Quand la fatigue ne me rappelle pas l'usure de la machine et que mon moral fait fi du poids du temps, reste mon corps, lourd et bancal. Le miroir de la salle de bains le sait bien, lui qui est le témoin de mes hontes : je ne suis pas belle à voir. Si les apparences sont sauves, il n'est plus question de dégrafer mon corsage. Et pourtant, tout cela est réparable n'est-ce pas ? Il est donc temps que j'affronte les questions que me pose le projet de reconstruction.

La beauté des nénés

Dans le service où j'ai été opérée, on ne pratique pas de reconstruction immédiate pour les femmes qui, comme moi, doivent subir de nombreuses séances de radiothérapie. Les rayons, qui peuvent brûler la peau, risquent aussi d'endommager sérieusement les prothèses. On nous conseille d'attendre une année avant de penser à la reconstruction. Je ne suis donc pas allée sur le billard en rêvant de jolis nénés tout neufs qui me consoleraient de la perte des anciens. D'ailleurs, les miens me convenaient très bien. Je les aimais et ils me le rendaient bien. En revanche, en rentrant chez moi après la mastectomie, je n'avais qu'un espoir : un jour, tout cela serait remis en état, un jour j'aurais à nouveau une silhouette de femme.

Ensuite, les infos et les témoignages qui me sont venus m'ont conduite à réfléchir. Hésiter. Douter. Vouloir prendre le temps de décider.

D'un côté, c'est évident, en me faisant refaire le sein manquant, je bénéficierais également d'un remodelage de l'autre sein, le bigleux, le cabossé. Ainsi pourrais-je avoir une poitrine décente sans devoir m'affubler du carcan adapté à ma prothèse externe. La silicone ne sera plus dehors, elle sera dedans.

Mais ce sera toujours de la silicone. Du gel de silicone, du sérum physiologique ou un morceau de muscle prélevé dans mon dos. Ce sera toujours du faux. Un sein factice. Moins érogène qu'un genou.

Sans compter que j'ai peur de l'opération. Des opérations. De l'œdème toujours possible, des cicatrices qui tirent, de la peau qui cartonne, des mouvements gênés, des petites douleurs postopératoires et de leur persistance sur la longue durée. Une peur qui n'est pas transcendée par l'espoir de retrouver mes seins perdus. Car je sais que je ne les retrouverai pas.

Les beaux seins refaits qui leur succéderont seront plus denses, plus fermes, plus glorieux, mais ils seront morts. Certes, j'aurai à nouveau une silhouette normale. Pour les autres. Pour eux, je serai normale. Mais pas pour moi. Moi, je vivrai avec des tétons morts. Le droit se dressera peut-être encore sous la morsure du froid, mais sa capacité à jouir ne reviendra pas. Quant au téton gauche, fictif, il n'aura aucun moyen de me faire plaisir.

Il y a un an, j'allais vers la mastectomie sans hésiter. La décision ne m'incombait pas. Je ne me suis pas donné le luxe qui me semble si nécessaire maintenant. Prendre le temps de la réflexion. Prendre le temps de la décision. Celui d'une reconstruction qui soit une réparation.

La beauté du monde

Je marche dans les bois avec Cachou qui court dans tous les sens comme un chien fou. Elle renifle au ras du sol, bondit et cavale sous les fougères, tombe en arrêt et creuse des trous sous les souches, le nez et les pattes fouissant la terre odorante. Son énergie m'amuse. Je suis loin de pouvoir la suivre. Je ne ressens pas dans mes jambes suffisamment de ressort ne serait-ce que pour m'imaginer courir sur le sentier. Je marche pesamment, mais je marche et je sais que je vais me promener ainsi, dans les sous-bois, pendant une heure, presque deux parfois, sans trop de peine. L'œil vif, prête à repérer la corolle d'une girolle, le dôme luisant d'un bolet, ou la tige claire d'une chanterelle, je respire et je chantonne. Je suis bien. Au-dessus de moi, les arbres dansent et jouent avec la lumière. Sous mes pas, les herbes tremblent, les brindilles craquent. Ce monde est beau. Je suis heureuse d'en faire partie. Non seulement d'en profiter comme on le ferait d'un spectacle, mais d'en être. Les bois me donnent toujours cette impression extraordinaire d'être partie prenante du monde, d'être constituée des mêmes cellules que les arbres, de la même matière que les feuilles, le vent, le soleil. Je suis ici et je suis pleinement à ma place.

Il y a moins d'un an, je me préparais à quitter ce monde magique que j'aime et qui m'accepte. Je faisais mes adieux à la lumière qui danse dans les feuillages, je me séparais de ma vie en saluant une dernière fois le monde des bois. Depuis des mois, je vis au rythme des soins et des malaises sans pouvoir me projeter sur un au-delà des traitements. Aujourd'hui, c'est fini. Je suis guérie.

Je suis vivante. Et je suis de retour sous les futaies. Et je suis heureuse.

Mon crâne se couvre maintenant d'un duvet dru aux couleurs encore indécises. Hier, je pensais que mes cheveux allaient repousser gris, des pousses incolores semblant se mêler à des zones plus sombres. Aujourd'hui, ils se pigmentent et semblent retrouver le châtain doré auquel je suis habituée. Non pas la blondeur que le coiffeur obtient à force d'éclaircissements, mais une nuance encore assez tendre pour me convenir.

La beauté de l'âge

J'ai vieilli. Mais je suis toujours la même. Même sans le cancer, j'aurais vieilli. On ne retient pas la marche du temps. Et vieillir n'est pas honteux. Avoir soixante ans n'est pas moins digne qu'avoir vingt ans. Et en quoi serait-il plus glorieux d'en paraître cinquante ?

J'ai soixante ans et j'aime ma vie. Sans compter les gens de la famille qui peuvent apporter d'immenses joies mais aussi des tourments sans fin, j'ai la chance folle d'avoir autour de moi ce que j'aime. Les arbres, les bois, la marche, mon chien, mes chats et mon ordinateur. À moi de savoir profiter de tout ce que j'ai. De savoir qu'il est important de ne rien oublier des petits bonheurs quotidiens. Reconnaissons que le monde autour de nous est cruel et d'une tristesse infinie. Chaque jour, chacun de nous souffre. Dans sa chair, dans ses affections, dans ses engagements. Même sous nos cieux de nantis, la vie est violente et amère. Je fais partie de ceux qui ne peuvent l'oublier. Jamais. Alors, chaque fois que c'est possible, il me faut penser à être heureuse. Chaque jour. Plusieurs fois par jour. Ne pouvant ni ignorer ni soulager la peine du monde, je me refuse d'y ajouter la mienne.

À noter donc dans mon agenda : tous les jours penser à être heureuse.

Maintenant, on peut parler de guérison

Demain la mammo de contrôle

Nous sommes dans le mois anniversaire du dépistage de mon cancer. J'ai une ordonnance pour une mammo de contrôle. Donc, faut pas attendre. Faire cette mammo, c'est vérifier l'état de mon sein, voir s'il y a récidive ou pas. Apparemment, c'est tout simple, et pourtant, ça bouge dans ma tête dans tous les sens.

J'ai appelé l'hôpital pour avoir un rendez-vous que j'espérais rapide, c'est-à-dire pour la semaine prochaine. Or on m'a conviée à venir demain matin. Comme si c'était urgent. Cela me fait froid dans le dos. Si vite. Déjà demain !

Demain matin, je saurai si mon sein rescapé est vraiment net ou si une petite tumeur de rien, *in situ* par exemple, minuscule mais maligne, ne se prépare pas à proliférer dans mon néné douillet.

Demain, je saurai si je suis tranquille pour six mois ou si je dois reprendre le chemin de la combattante courageuse, opération, chimio, rayons… je ne sais d'ailleurs pas comment on traite les récidives du sein. Mais demain je le saurai.

189

Demain, je saurai si mon moral et les bons soins dont j'ai bénéficié ont eu raison de mon cancer ou si c'est le cancer qui a eu raison de moi.

Inutile de préciser que je passe une sale nuit. Au matin, le brouillard ne se lève pas. Le temps est maussade et moi aussi. Je me sens même un peu patraque. Quelques vertiges, une tendance accentuée à la mauvaise humeur. Le moral gris comme le temps.

Tout m'agresse. La bruine qui mouille la route et rend les feuilles tombées glissantes. L'oiseau mort au milieu de la chaussée, le chien errant. La violence du monde me fait mal. Je ne suis pas protégée par ma bulle de courage, de rêve et de soleil, je suis exposée aux intempéries, menacée par toutes les irradiations toxiques de ce monde cruel. Un monde que je sais brutal, injuste, ignoble même, mais que je m'efforce toujours d'adoucir. Un monde qui m'assaille comme pour me menacer, me défier, me rappeler la force du mal.

Aujourd'hui

Recommencer. « Il faut recommencer le cliché », me dit la charmante dame qui manipule mon sein. Elle est douce et prévenante et devine que la compression me fait mal. En me voyant arriver tout à l'heure, torse balafré, sein couturé, elle m'a dit gentiment : « Vous avez dégusté ! » Elle sait que j'ai mal et devine que j'ai peur.

En revanche, ce qu'elle ignore, c'est que mon cancer a débuté pour moi lorsqu'on m'a dit, il y a un an, qu'il fallait recommencer. Recommencer la mammo. Recommencer le cancer.

190

Je sens monter comme un vent de panique. Que je contrôle, car si elle refait la mammo, c'est pour avoir un bon cliché, ce n'est pas parce que le radiologue a discerné une ombre suspecte. Ce dernier n'a pas encore examiné le cliché.

Nous recommençons. La gentille dame fait de son mieux pour poser délicatement mon sein sur la plaque et réduire au maximum la compression. Les manœuvres sont difficiles car mon sein est lourd, encore dense, très douloureux. Séquelle des rayons insiste-t-elle, voyant les larmes me venir. Le sein est encore tout meurtri, car la radiothérapie est récente. Elle devine que j'associe la douleur à la présence d'une tumeur cancéreuse. La peur me fait mal, je crois, tout autant que la mammo elle-même.

Ensuite, je vais m'asseoir dans la cabine, pendant que le radiologue examine le cliché.

Une courte attente qui va être très dure à vivre. Dans ma tête, ces derniers mois défilent à toute allure. Une année condensée en quelques minutes. Toutes les étapes. Je ne sais pas si j'aurais le courage de recommencer le voyage. Où trouverais-je la force, la patience, l'énergie pour revivre les traitements ? Je me sens perdue, vidée, comme si je n'avais plus aucune force intime. Une carcasse sans âme secouée de grosses larmes d'enfant. J'ai peur.

Et le médecin m'invite à faire l'échographie de contrôle. « La mammo est bonne », me dit-il immédiatement. L'échographie l'est aussi. Je n'ai plus rien à ce sein, ni tumeur, ni tache, ni rien qui soit suspect.

Les larmes me viennent et elles sont de soulagement. Je suis guérie. Je suis heureuse. Je tends le bras pour donner l'accolade au médecin. C'est idiot. Pas plus que celui qui annonce la maladie n'est responsable du chagrin qu'il cause, celui qui dit la guérison ne peut en accueillir la joie. Je le sais, mais j'ai envie de partager mon soulagement avec quelqu'un. De dire ma joie.

Pas de signe de récidive

Cette mammo et cette échographie vont boucler mon année de cancer. Là, sous les yeux, j'ai le compte rendu qui signifie ma guérison : « Pas de signe de récidive. Absence de lésion d'allure suspecte. » Les mots sont dits. Ils sont là. Jusqu'à la prochaine mammo, dans six mois, je suis guérie. Même provisoirement, je suis guérie.

Je me jette sur le téléphone, Pierre en premier, puis Judith, puis ma sœur, mon éditrice. Mes voisins, mes amis du bourg. Je suis guérie. Même si je sais qu'on ne guérit jamais totalement du cancer du sein, je suis guérie. Comme on ne guérit jamais de la vie et de ses amours secrètes avec la mort, je suis guérie.

Je peux m'en glorifier. C'est mon combat, je l'ai bien mené. Je peux aussi remercier la chance, la médecine, ma famille… je n'aurais pas guéri seule avec mes souvenirs et mes ombres.

Je peux faire la fanfaronne et dire que je n'en ai jamais douté. Je peux rire en montrant ma force, mon énergie, ma vitalité. Du style : je ne suis pas du genre à me faire avoir par un petit cancer du sein. Mais je sais que je ne suis pas encore tout à fait guérie de la blessure intime que le cancer m'a infligée. Cette année avec mon cancer du sein a été l'année de bien des bilans, de bien des doutes. Et il me faut penser à demain.

Et après

Comment vivre ma jeunesse d'automne

Je ne sais pas encore si – ou quand – je vais me faire refaire la poitrine. Cette question concentre en elle-même toutes les interrogations concernant mon avenir. Les questions qu'on se pose à mon âge, sans avoir besoin d'un cancer pour cela. Comment aborder la fatigue et le vieillissement de la silhouette quand on a dépassé soixante ans et qu'une vigoureuse ménopause nous prive des hormones qui pulpent ? Vais-je me lancer dans la course au temps, régimes, Botox, gym ou jogging ? Ou sagement rejoindre le banc des mamies, apprendre à tricoter vraiment et m'initier aux conserves, aux confitures ou à la broderie ?

Autrement dit, la question de mon sein disparu et de l'autre amoché me contraint à me demander comment vivre mon âge. Je ne sais à quoi ressemblera ma jeunesse d'automne. Il est peu probable que je veuille choisir le camp des juvéniles sexagénaires, même avec de beaux seins tout neufs à montrer dans un décolleté télégénique. Il n'est pas certain non plus que je choisisse de rester dans mes foyers, consacrant à ma famille, mon chien et mes chats le reste de mon âge. Entre ces deux extrêmes, quelle sera ma voie personnelle ?

Par quel savant et judicieux dosage de sagesse et de jeunesse vais-je entrer dans mon après-cancer ? Comment vivre l'âge d'or de la maturité et de l'expérience ?

Laisse-moi vieillir en paix

Il est inutile de se le cacher : depuis mon opération, côté désir, ce n'est vraiment pas terrible. Et avec la pilule anti-hormone, anti-désir, il m'est même arrivé de penser que la libido et moi nous étions en train de nous séparer. Genre : cessation progressive des activités ; bons bilans, bons souvenirs, mais affaire terminée. Genre : je me suis bien amusée, j'ai bien profité de la vie, de l'amour et des galipettes, mais c'est fini. Sans regret.

Mais ce n'est pas si simple. Car je ne vis pas seule. J'ai mon homme. Mon solide et fiable compagnon dont la vigueur ne souffre ni de fatigue ni de baisse hormonale. Bien au contraire, il est fringant. Il est vivant. Il est amoureux. Même si je ne réussis pas à comprendre ce qu'il peut éprouver pour mon corps difforme, il est évident que je ne le laisse pas indifférent. Un homme cache mal certains sentiments et ceux du mien sont parfois assez visibles pour que je m'en émeuve. Difficile donc de m'enfermer dans la salle de bains avec la vilaine image de mon miroir. J'ai dans ma vie un homme qui a le mauvais goût de me trouver encore à son goût. Génial ? Pas toujours.

Dans un premier temps, s'il n'avait tenu qu'à moi, mon amoureux serait resté dans la chambre d'amis où il avait émigré à mon retour de l'hôpital. Mais l'éloignement lui coûtait, il ne tarda pas à me rejoindre. Et comme me manquaient un peu sa chaleur et ses ronflements, je l'ai accueilli avec plaisir. Nous avons donc repris nos nuits communes, plus tendres que véritablement amoureuses. Car, je dois le reconnaître, mon ardeur au lit était assez médiocre. Moi qui jadis fus gourmande, qui du sexe voulais tout, je me voyais bien me satisfaire d'une chaste camaraderie. J'étais prête à entrer dans l'âge sage, sans émoi, sans troubles. Sans autres troubles et émois que les bouffées de chaleur. Mais un homme amoureux et patient sait dire son amour et sa patience. Il ne doutait pas que reviendraient mes élans. Il attendait. Il avait confiance. Que pouvais-je lui dire ? « C'est fini. Je n'ai plus envie d'avoir envie. Laisse-moi vieillir en paix » ?

Le plaisir sans le désir ?

Je ne le lui ai pas dit. Je suis allée vers lui. Certes, j'ai parfois dû me forcer un peu. Pour ne pas refuser le sourire, l'invitation, la promesse. Pour prendre la main qui se posait sur moi, pour accepter de rejoindre celui qui m'attendait, pour essayer de partager ce que je n'éprouvais pas. C'est ainsi que sa vigueur a eu raison de ma langueur. Sa patience de mon indifférence. Sa tendresse de ma détresse.

C'est ainsi que se font parfois des miracles. Dans la pénombre de notre chambre, cachée sous les draps, j'oubliais mon corps bancal, couturé, mutilé. Je m'oubliais. J'oubliais le cancer et mes déformations, la pilule et sa promesse de sécheresse, pour partager la tendresse et la vigueur de l'homme qui partage ma vie. C'est ainsi que le plaisir est venu là où le désir n'était plus.

Avec le recul, je regarde les mois passés avec tendresse. Nous ne nous sommes pas perdus. Nos corps ne se sont pas perdus. Et j'ai retrouvé la folle douceur de vibrer. Mais les années à venir m'inquiètent un peu. Malgré l'épuisement hormonal et l'usure du temps, aurai-je toujours la sagesse de faire confiance à mon corps et à ses désirs secrets ? Trouverai-je l'énergie de combattre les effets de ma pilule quotidienne, les sautes d'humeur, le désir de solitude, la fuite morose dans la vieillesse ? Et si la source se tarit, saurai-je voir partir l'âge d'or de la maturité et de l'expérience, et accueillir sans amertume l'âge pâle de la lassitude et du poids des ans ?

Ces questions que le cancer pose à celles qui s'en sortent sont probablement celles que la vie pose à toutes les femmes. Et chacune doit trouver seule ses réponses. Les miennes sont singulières. Ce sont celles de mon âge. Personnelles, elles pourraient ne parler que de moi, mais je sais qu'il n'en est rien. C'est parfois en parlant de soi qu'on parle à toutes les autres. Le chemin le plus singulier rejoint parfois l'universalité. Pour peu qu'on l'offre au partage. Et mon désir d'écrire me conduit à le faire.

Le don d'Hermès

Car je suis une passeuse. Comme Hermès, le roi des marchands, le prince des voleurs, le dieu messager, il semble bien que j'ai le don de transmettre, d'éclairer la route des autres à partir de ce que je comprends des idées qui illuminent les hommes et des épreuves qu'ils traversent. Si la sagesse et l'expérience ont une utilité, il me faut en faire bon usage. Le cancer m'a enseigné qu'on peut vivre « bien » une sale épreuve. La traverser sans sombrer. Lui trouver même un véritable intérêt.

Parcours du combattant, lit-on partout. Aujourd'hui, je dirais volontiers que ce fut pour moi un parcours passionnant. Si chacune des étapes, prise séparément, ne fut ni glorieuse ni joyeuse, plutôt pénible même, en revanche, ce que l'ensemble me fit vivre, je ne le regrette pas.

Certes, je n'aurais pas choisi de passer ces derniers mois entre l'hôpital et le canapé de mon salon. Certes, il est d'autres loisirs que la chimio ou les rayons pour occuper les premières années de sa retraite. Certes, je me serais bien passée du retour fulgurant des joies de la ménopause. Certes, j'étais plus à l'aise avec mes deux seins, mes deux bras et toute mon énergie d'avant. Et pourtant, en regardant le chemin parcouru, je dirais qu'il valait vraiment le voyage.

J'en suis convaincue, sans pour autant trouver facile de l'exprimer. Comme si j'avais vécu une aventure indicible, un voyage personnel et solitaire dans un univers à la fois familier et inconnu. En m'invitant à franchir d'invisibles seuils, si bien dissimulés dans les replis du quotidien qu'on ne peut les deviner, la maladie m'a fait cheminer avec mes ombres sans en avoir trop peur et m'a permis de me réconcilier avec elles.

Aujourd'hui, je sais que je suis encore pleine de ce voyage improbable mais fabuleux dans les zones frontières de mon existence, là où chacun évite souvent de s'aventurer, là où sont relégués les défroques et les fantômes de toute une vie. Je ne suis pas certaine d'en être sortie meilleure ni même changée. Je sais seulement que ce voyage m'a fait vivre d'étranges et fortes choses. Accepter sa propre mort et ne pas s'y engager, sentir les limites et l'immensité de sa féminité, peser les ravages et les sagesses de l'âge, accepter l'amertume des jours et n'en goûter que la douceur... De tout cela je veux témoigner.

Carnet pratique

Je ne suis pas médecin, aussi ai-je reccueilli un certain nombre d'informations dans divers ouvrages, cités en bibliographie, qui m'ont aidée à comprendre, et qui devraient éclairer la route de celles qui se posent des questions sans toujours savoir à qui s'adresser.

ACR – COMPTE RENDU ACR

La nomenclature ACR (American College of Radiology) comporte cinq catégories :
– ACR 1 : mammographie normale ;
– ACR 2 : aspect bénin ; présence d'anomalies bénignes, adénofibrome, calcifications bénignes ;
– ACR 3 : image probablement bénigne ; une nouvelle mammo de vérification est demandée ;
– ACR 4 : image suspecte ; une biopsie est nécessaire ;
– ACR 5 : image mammographique maligne ; anomalies très probablement d'origine cancéreuse. Examens complémentaires demandés.

ANTÉCÉDENTS, PRÉDISPOSITION, HÉRÉDITÉ

Selon des études cliniques, il n'existe aucun facteur prédisposant chez 55 à 75 % des femmes atteintes d'un cancer du sein. 5 % seulement des cancers s'expliquent par une cause génétique. On la suppose quand plusieurs membres de la famille proche, mère, sœurs, tantes, grands-mères, ont eu un cancer du sein. Ou si on a soi-même connu un cancer avant l'âge de quarante ans, bilatéral, associé à un cancer de l'ovaire.

Autrement dit, attention ! Si votre tante, cousine ou grand-mère a présenté un cancer du sein, votre risque est 1,5 fois supérieur à la moyenne ; si c'est votre mère, ce risque est 5 à 6 fois supérieur. Si le cancer a touché les deux seins, il peut apparaître plus tôt dans les générations suivantes, souvent avant la ménopause.

BIOPSIE

La biopsie consiste à prélever un fragment de tissu pour permettre que l'anatomopathologiste puisse l'examiner au microscope.

Côté positif : c'est l'examen qui permet d'éliminer le doute et d'affirmer qu'une femme n'a pas de cancer, car 90 % des microcalcifications du sein sont bénignes.

Généralement, on introduit dans le nodule, sous anesthésie locale, une aiguille de gros diamètre, puis on prélève un fragment de tissu (dit « carotte ») à l'aide d'un pistolet automatique (biopsie percutanée). Elle est pratiquée dans le cabinet du chirurgien ou du radiologue.

Pour se préparer à la biopsie :

Quelques granules d'homéopathie : Arnica 15 CH et Ignatia 15 CH, une dose la veille de l'intervention, pour éviter le stress et l'œdème. Ensuite, pendant une semaine environ, pour apaiser la peau traumatisée par les trocarts et pour éviter l'œdème : 5 granules 3 fois par jour de Ledum palustre 4 CH, d'Arnica 5 CH et de Bellis perenis 5 CH.

CANCER DU SEIN – QU'EST-CE QU'UN CANCER DU SEIN ?

Il n'existe pas un, mais des cancers. Le terme de cancer regroupe un ensemble de maladies pouvant apparaître partout dans l'organisme, dues à la multiplication de cellules prenant naissance dans un organe et qui peuvent proliférer et essaimer ailleurs dans le corps.

La tumeur maligne du cancer du sein la plus répandue est le carcinome ou adénocarcinome. La plupart des cancers du sein se développent à partir des canaux galactophores, ce sont des adénocarcinomes canalaires. Si les cellules cancéreuses sont dans les canaux, on parle de cancer intracanalaire, et de cancer intralobulaire si elles sont dans les lobules.

Le cancer du sein est dit *in situ* lorsque les cellules cancéreuses restent limitées à l'intérieur du canal ou du lobule, sans franchir la membrane basale : ils restent localisés dans le site.

Lorsque le cancer n'est plus *in situ*, et qu'il a traversé la membrane basale du canal galactophore ou du lobule, il est dit infiltrant ou invasif. En moyenne, 80 % des cancers infiltrants sont canalaires et 15 % sont lobulaires (se développent à partir des lobules du sein).

L'adénocarcinome canalaire infiltrant est le plus fréquent des cancers du sein. à mesure que les cellules cancéreuses prolifèrent, elles créent une inflammation et le développement d'un tissu fibreux, non cancéreux, autour de la tumeur. Le cancer lui-même est donc plus petit que la taille apparente de la boule sensible à la palpation.

CHAMBRE IMPLANTABLE OU PORT-A-CATH

Une sorte de gobelet plat pas plus gros qu'une petite pièce de monnaie est implanté sous la peau du thorax au-dessus du sein, au-dessous de la clavicule, sur le côté opposé à la mastectomie. Il est relié à un tube qui pénètre dans une grosse veine profonde. Le couvercle du réservoir est une membrane synthétique. L'infirmière, en prenant des précautions de stérilité, pique à travers la membrane avec une aiguille spéciale et injecte le médicament qui parvient ainsi très rapidement dans tout le corps. Comme son nom l'indique, c'est une entrée pour les cathéters. Ainsi les veines sont ménagées tout au long des perfusions de la chimiothérapie. La chambre implantable permet également de faire des prises de sang. Une fois posée, on l'oublie. Toutes les toilettes, bains et douches sont possibles. On peut faire du sport et même porter un décolleté. La trace en est très discrète.

CHIMIOTHÉRAPIE – QUELQUES EFFETS SECONDAIRES CLASSIQUES DE LA CHIMIOTHÉRAPIE

Effets secondaires	*Conséquences*	*Traitements*
Baisse des globules blancs	Risque d'infection	Facteur de croissance
Baisse des globules rouges	Fatigue	Transfusion de globules rouges
Baisse des plaquettes	Hémorragies	Transfusion de plaquettes
Irritation de la bouche	Gêne pour manger	Bains de bouche
Mucite œsophagienne	Douleur pour ingérer	Analgésiques
Nausées, vomissements	Gêne, malaise, fatigue	Antiémétiques
Diarrhées	Déshydratation	Antidiarrhéiques, réhydratation

Comment vivre les effets secondaires :

– *Nausées et vomissements*

Les vomissements aigus apparaissent normalement dans les 24 premières heures après la perfusion, les vomissements retardés entre le 2e et le 5e jour. Pour les éviter ou les calmer seront prescrits des antiacides et antiulcéreux (Maalox, Mopral, etc.).

Pour restreindre ou éviter les nausées, on injecte du Zophren et un corticoïde qui en potentialise l'action. Les nausées sont aussi calmées par des antivomitifs traditionnels (Vogalène, Primpéran).

– Fatigue

Considérée comme normale au lendemain de la cure, la fatigue est censée s'atténuer si on dort bien, qu'on mange bien et qu'on n'est pas anémiée. Le seul remède c'est le repos. Et de tenter de reprendre une activité normale. Autrement dit, la fatigue est souvent associée à la dépression normale que causent la maladie ou son traitement.

– Prise de poids

Contrairement à l'image populaire d'un amaigrissement inéluctable, aujourd'hui on considère que les quatre mois de chimio font prendre entre 3 et 5 kilos qui seront théoriquement perdus dès la fin des perfusions.

– Sueurs froides et bouffées de chaleur

Une ménopause médicamenteuse peut apparaître chez celles qui n'ont pas encore traversé les joies de la ménopause.

– Phlébite

La phlébite (inflammation de la veine suite à un caillot sanguin, souvent au niveau des jambes) est une complication normale due à l'immobilisation.

– Chute des cheveux

L'effet secondaire le plus connu de la chimio, avec les nausées, c'est l'alopécie. Pour les femmes, c'est une épreuve, une atteinte à la féminité, une infraction à l'intégrité corporelle.

Conséquence d'une altération transitoire de la kératine, la chute est due à la fragilisation du cheveu qui se casse dès sa sortie du cuir chevelu, c'est-à-dire entre le 18e et le 22e jour suivant la perfusion.

En fait, le bulbe n'étant pas atteint, le cheveu va continuer à pousser. Il n'aura pas le temps de grandir et ne deviendra pas visible tant que se succéderont les cures.

Pour éviter la chute des cheveux, des casques réfrigérés sont proposés aux patientes. Le froid ayant pour effet de contracter les vaisseaux au niveau de la peau et de limiter ainsi le flux sanguin, une moindre quantité de produit irrigue le cuir chevelu.

CURAGE AXILLAIRE

Le système lymphatique draine la lymphe du sein vers les ganglions situés sous l'aisselle du même côté. Ils forment la chaîne ganglionnaire axillaire. Ni la palpation ni les radios ne permettant de savoir s'ils sont atteints, il faut les enlever pour les étudier. En les ôtant, on évite ainsi qu'ils ne disséminent le cancer dans l'aisselle.

Le curage ganglionnaire complet est rarement effectué, on risquerait de créer un lymphœdème, ou « gros bras », un fort gonflement du bras pour cause de mauvaise circulation de la lymphe.

Les ganglions retirés sont transmis à l'anatomopathologiste qui les analyse et contribue ainsi à l'approfondissement du diagnostic et du pronostic.

Petits exercices pour les bras :

L'opération du sein n'affecte pas la mobilité du bras. Le curage axillaire, lui, qui prélève les ganglions situés entre les muscles, peut rouiller l'épaule. Il est recommandé de faire de petits exercices dès que les drains sont retirés :

– Poser les mains sur les genoux puis lever les bras, coudes écartés, par-dessus la tête jusqu'à ce que les mains touchent la nuque ;

– Lever les bras au-dessus de la tête, puis les abaisser à l'horizontale et les redescendre sur les genoux ;

– Se placer à côté d'un mur et faire monter progressivement la main de plus en plus haut sur le mur.

DÉPISTAGE – IMPORTANCE DU DÉPISTAGE

Avec 41 845 nouveaux cas en 2000, le cancer du sein est le plus fréquent des cancers féminins (37,7 % de tous les cancers féminins). Sa fréquence d'apparition a doublé entre 1980 et 2000. C'est la première cause de mortalité par cancer chez la femme.

La mammographie et l'examen clinique du médecin sont les moyens les plus efficaces pour réduire la mortalité par cancer du sein. Lorsqu'une mammographie annuelle est pratiquée, la mortalité du cancer du sein diminue de plus d'un tiers.

DIAGNOSTIC

Informations importantes à recueillir pour le médecin :

– La taille du nodule palpable (qui peut être différente de ce que donne la radio, à cause de la présence d'un œdème) ;

– L'existence ou non d'adhérences éventuelles de la tumeur (par exemple, la rétractation du mamelon évoque sa nature maligne) ;

– La localisation exacte de cette tumeur (un cancer en contact avec l'aréole et le mamelon, zone très vascularisée, aura plus de risque de dissémination à distance par voie sanguine et la chirurgie conservatrice sera plus difficile voire impossible) ;

– L'existence ou non de ganglions palpables au niveau de l'aisselle, ou rarement à la base du cou ; ces ganglions palpables ne sont pas forcément cancéreux et certains ganglions envahis ne se détectent pas à la palpation ;

– La présence éventuelle d'inflammation, douleur, rougeur, chaleur, gonflement du sein.

ÉTAPES QUI SUIVENT
L'ANNONCE D'UNE MAUVAISE NOUVELLE

Mises en évidence dans le cas du deuil, les étapes classiques qui marquent la réaction à l'annonce d'une mauvaise nouvelle s'adaptent assez bien à la découverte ou à l'annonce d'une maladie grave. Tout commence en général par le refus, puis suivent la colère, le chagrin, la négociation qui, dans le meilleur des cas, débouchent sur l'acceptation.

– *Le refus* constitue l'étape première, du déni qui consiste à ne rien vouloir savoir aux réactions négatives de rejet violent pour tenter de se débarrasser de la mauvaise nouvelle. On ne veut pas. Ni être malade ni avoir à se soigner, ni accepter ni comprendre.

– *La colère* suit de près le refus et s'y associe en de vives protestations plus ou moins agressives envers la maladie. Cette colère est naturelle et saine. Qui la ressent devrait pouvoir l'exprimer. Toutefois, personne ne gagne à prolonger trop longtemps cette étape, très usante sur le plan énergétique et qui, comme les autres, a besoin d'être exprimée puis dépassée.

– *Le chagrin* signe le début de l'acceptation. On prend conscience de la réalité de la maladie. La peine peut alors être grande et signifier qu'on a compris la charge de douleur et tous les renoncements que la maladie occasionne.

209

– *La négociation* est le combat désespéré pour donner une signification à ce qui nous arrive. Alors on tente de discuter avec les forces obscures dans le but de retarder la maladie ou de négocier sa guérison. Tous les paris nous semblent possibles.

– *L'acceptation* libère toutes les forces psychiques et les consacre aux soins dans l'espoir de guérir. Accepter la réalité, ne pas se mentir, construire un plan de soin et espérer un avenir de guérison.

Aucun parcours n'est linéaire, aucune maladie, perte ou deuil, ne ressemble aux autres, car chaque personne est singulière. Chacun de nous peut prolonger l'une ou l'autre de ces étapes, en éviter, revenir en arrière, les franchir ou s'y attarder. Mais l'objectif final reste l'apaisement que procure l'acceptation de la réalité, qui libère les énergies permettant de guérir.

FATIGUE

Chaque cure provoque de pénibles fatigues. Plus le traitement avance, plus les fatigues s'accumulent et s'accentuent. Certaines fatigues sont proches d'un état dépressif plus ou moins caché. Les conseils médicaux vont dans deux directions opposées : se reposer, rester active. À chacune de trouver le bon dosage d'activités stimulantes qui n'exigent pas trop d'efforts et un repos adapté à chacune des chutes d'énergie : envie de dormir, somnolence et besoin de solitude.

La fatigue qui accompagne la chimio, comme celle qui suivra lors des séances de radiothérapie, a de multiples causes, physiques et psychiques. Savoir écouter son corps, c'est aussi parfois prendre un peu soin de son cœur et de son âme.

FEC 100 – LE PROTOCOLE FEC 100

F : le 5-fluoro-uracile ; E : épirubicine ; C : cyclophospha-mide (endoxan).

Ce protocole est classique et ancien. Aujourd'hui, pour les cancers du sein, la chimiothérapie est utilisée à forte dose, on n'utilise donc plus le FEC 50 mais le FEC 100, plus forte-ment dosé.

F : le 5-fluoro-uracile intervient sur la synthèse de l'ADN des chromosomes, qui contrôle la multiplication des cellules cancéreuses.

E : l'épirubicine se fixe sur l'ADN de la cellule cancéreuse et inhibe sa capacité de réparation. C'est un liquide de cou-leur rouge connu pour entraîner la chute des cheveux ;

C : cyclophosphamide (endoxan) : c'est un agent qui interfère directement sur l'ADN et s'attaque à son pro-gramme de multiplication des cellules cancéreuses.

Pour éviter les effets nauséeux, on prend la veille, le jour et le lendemain de la cure de FEC 100 un antinauséeux, l'Emend.

La perfusion commence par l'injection du Zophren pour limiter les nausées et les vomissements, avant celle du Solu-médrol, un corticoïde qui en potentialise l'action.

GANGLION SENTINELLE – LA TECHNIQUE DU GANGLION SENTINELLE

Sous le joli nom de ganglion sentinelle se cache le premier ganglion qui reçoit les canaux lymphatiques qui drainent la tumeur. Il est situé dans l'aisselle, du même côté que le sein atteint.

Depuis 1990, la technique du ganglion sentinelle consiste à prélever deux ou trois ganglions dans l'aisselle et à les examiner lors de l'opération. S'ils ne présentent pas de cellules tumorales, c'est que le cancer n'a pas gagné le système lymphatique. Le chirurgien en reste donc là.

Pour repérer les ganglions sentinelles, on injecte quelques minutes avant l'opération un colorant bleu qui va guider le chirurgien. D'autres fois, la veille de l'opération, on injecte un produit qui émet un rayonnement invisible à l'œil (rayons gamma) et qui va se diffuser rapidement dans tous les canaux lymphatiques et se concentrer dans les ganglions sentinelles. La scintigraphie se fait dans un service de médecine nucléaire. Et le produit, bleu, risque de teinter durablement le sein.

GLOBULES BLANCS – LA BAISSE DES GLOBULES BLANCS

La chimio attaque les cellules souches de la moelle osseuse qui donnent naissance aux cellules sanguines. Ainsi voit-on une baisse transitoire mais spectaculaire des globules blancs, des plaquettes, et ensuite des globules rouges. Une prise de sang est donc effectuée systématiquement avant la reprise de chaque cycle.

Généralement, la baisse des globules blancs apparaît vers le 6e jour, se poursuit jusqu'au 12e, et cesse vers le 17e jour. Le risque d'infection est donc présent entre le 10e et le 14e jour qui suit chaque séance de chimio.

À surveiller, la fièvre : toute fièvre qui dépasse 38,5 °C nécessite un traitement antibiotique prescrit par l'oncologue ou par le médecin généraliste.

Pour éviter la chute des globules blancs ou rétablir rapidement leur retour à la normale, sont prescrites des piqûres de

facteur de croissance qui stimule la création des cellules sanguines dans la moelle osseuse.

GROS BRAS : voir *LYMPHŒDÈME*.

HOMÉOPATHIE : voir *BIOPSIE* et *MÉNOPAUSE*.

HORMONOTHÉRAPIE – POURQUOI L'HORMONOTHÉRAPIE ?

C'est une thérapie antihormonale : il s'agit de supprimer
la stimulation que les hormones naturelles, surtout les œstrogènes, peuvent exercer sur les cellules cancéreuses du sein qui
auraient survécu aux traitements.

On prescrit ce traitement aux femmes ayant suffisamment
de récepteurs hormonaux positifs sur les cellules tumorales
(voir le rapport de l'anatomopathologiste). Il démarre dès la
fin de la radiothérapie.

Il y a deux sortes d'hormonothérapie : le tamoxifène et
l'antiaromase.

L'anastrozole (Arimidex) est l'antiaromase la plus prescrite. Aujourd'hui, la posologie est d'une pilule pendant cinq
ans.

S'ensuit un état de ménopause permanent, sans espoir de
pouvoir reprendre un traitement substitutif (THS) pour les
femmes qui l'avaient commencé ni de l'envisager pour celles
qui n'étaient pas encore ménopausées. Il se manifeste par des
bouffées de chaleur, des sautes d'humeur, de la sécheresse
vaginale et de l'ostéoporose.

INFILTRANT : voir *CANCER DU SEIN*.

IRRADIATION, RAYONS

– On commence par l'irradiation de base, la totalité du sein, les chaînes ganglionnaires (aisselle, chaîne mammaire interne située derrière le sternum), creux sus-claviculaire, tout cela en fonction de chaque cancer et des mesures spécifiques qui ont été faites pendant la simulation.

– Ensuite, toujours selon les cas, une irradiation supplémentaire est faite à l'endroit même de la tumeur, ou là où elle se trouvait.

– La plupart des protocoles se déroulent sur six semaines, cinq jours par semaine.

– Tous les trois mois environ, les appareils sont arrêtés pour être révisés. Le jour de la maintenance, ainsi que l'après-midi qui précède et la matinée qui suit, aucune séance n'étant prévue, le samedi matin permet de terminer la semaine de rayons.

Les radiations émises par les appareils actuels ne sont pas dangereuses pour la santé. Toutefois, quelques effets néfastes peuvent se produire :

– Le sein réagit à l'irradiation en produisant de la lymphe. Lorsqu'un curage axillaire complet a eu lieu, un œdème apparaît (réapparaît ou se maintient).

– Entre la 3ᵉ et la 4ᵉ semaine, apparaît une difficulté à avaler due à l'œdème de l'œsophage.

– La fatigue qui survient est censée être due au côté fastidieux et répétitif des séances. Elle ne doit pas être pour autant négligée.

– La peau peut durcir aux endroits irradiés, la traiter avec soin.

– Certains états nauséeux peuvent réapparaître.

– La radiothérapie fait travailler les tissus irradiés pendant six à douze mois après la fin du traitement. La reconstruction ne peut donc être envisagée avant plusieurs mois.

– Éviter la piscine : l'eau chlorée peut irriter la peau.

Les bons conseils pendant les rayons :

Il s'agit de protéger sa peau et de se ménager. Prendre soin de sa peau pendant la durée des rayons est une priorité absolue. Elle sera de toute façon abîmée et fragilisée par les irradiations.

– N'utiliser ni eau de toilette ni parfum ni déodorant.

– Se doucher avec un pain surgras (éviter tout savon décapant et même le savon de Marseille).

– Ne porter ni armature ni tissus synthétiques qui risqueraient de blesser ou d'irriter la peau, mais des vêtements légers, aérés, pour la faire respirer.

– Fractionner les repas, éviter les repas lourds à digérer, manger léger et liquide lorsqu'il le faut.

– Ne pas hésiter à prendre des antiulcéreux et des pansements gastriques pour ne pas irriter un œsophage gonflé par les rayons.

– Ne pas oublier que la fatigue peut survenir à tout moment, se ménager des temps de repos importants.

– Ne pas s'exposer au soleil pendant tout le traitement et les deux mois qui suivront.

– En cas d'apparition de l'œdème du bras (gros bras), reprendre des séances de kinésithérapie.

– La gêne ou la douleur de l'œdème peuvent se calmer avec du paracétamol.

Effets secondaires à plus long terme :

Il arrive que de petits vaisseaux dilatés apparaissent à la surface de la peau traitée. On appelle télangiectasie cette forme de couperose que favorise l'exposition au soleil. Consulter alors un dermatologue qui peut opter pour une sclérose locale ou un traitement au laser.

Prévention des brûlures :

Pour rendre la peau plus résistante, il convient de la couvrir d'un corps gras afin de limiter la déshydratation liée aux échanges avec l'air ambiant. Pour sa propre radiothérapie, le Dr Marie Thirion, pédiatre, a préparé, avec l'aide de son pharmacien, un mélange d'huiles qui fait merveille dans la plupart des cas : les taux d'érythèmes et brûlures avec ce traitement sont très faibles ou nuls.

Le mélange se compose de :

– 100 ml d'huile pure de calendula (le calendula est le seul produit scientifiquement testé comme protecteur dans les radiothérapies avec un effet positif très net) ;

– 10 ml d'huile essentielle de niaouli (*melaleuca quinquenervia*), très ancien remède contre les brûlures ;

– 10 ml d'huile essentielle d'arbre à thé (*melaleuca alternifolia*), un excellent cicatrisant.

L'huile est facile à étaler même sur un sein très sensible, beaucoup plus souple que n'importe quelle pommade ou crème. Attention, il s'agit bien d'huile pure à 100 % de calendula et non d'une huile « au calendula », qui n'en contient souvent qu'un faible pourcentage.

Mode d'emploi conseillé par Marie Thirion :

– en mettre tout de suite après chaque séance d'irradiation ;

– en remettre le soir au coucher ;

– prendre une douche le matin et ne pas graisser avant les séances, car le sein ne doit pas être gras pendant l'irradiation.

Prévoir deux ou trois vieux tee-shirts de coton qui ne s'en remettront pas !...

Pour traiter l'œdème :

Les précautions indiquées à la sortie de la mastectomie et de l'ablation de la chaîne ganglionnaire sont toujours d'actualité :

– Éviter de porter des charges lourdes avec le bras fragilisé ;

– Éviter de forcer ou de tirer violemment ;

– Éviter le soleil et la chaleur ;

– Éviter les écorchures, les brûlures et les coups ;

– Poursuivre avec patience le drainage lymphatique qui pallie le travail de la chaîne ganglionnaire en aidant la remontée de la lymphe dans le bras, du poignet vers l'épaule.

Jus de noni

Une amie, qui m'a devancée sur le chemin douloureux du cancer du sein, m'indique un jus de fruit qui l'a aidée à tenir le coup malgré les agressions diverses des traitements qu'elle a subis : le jus de noni. Il s'agit d'un supplément alimentaire qui apporte les vitamines et les sels minéraux dont notre organisme a besoin alors qu'il est soumis à la pression du stress, de l'angoisse et de la souffrance, puis à la chimio et aux rayons. Le jus de noni provient d'un arbre du Pacifique, le *Morinda citrifolia*. Il est renommé pour donner de la vitalité, de l'énergie, aider à la digestion et au sommeil ainsi qu'à l'équilibre émotionnel.

Ce jus de fruit au goût amer assez désagréable peut devenir le compagnon des mauvais jours du cancer...

LYMPHŒDÈME

Il s'agit d'un œdème du bras, bien connu sous le nom de « gros bras », qui représente la complication la plus sérieuse et la plus redoutée des patientes à qui l'on a prélevé tout ou partie des ganglions lymphatiques. Aujourd'hui, comme il est assez rare de faire un curage radical des ganglions de l'aisselle, le lymphœdème est assez exceptionnel. Il peut toutefois apparaître même plusieurs années après l'opération.

Des séances de drainage lymphatique sont souvent nécessaires pour diminuer cet œdème, non seulement gênant mais aussi parfois assez douloureux. Prévenir son médecin si le bras devient rouge ou enfle de façon visible.

Ce qu'il faut éviter :

– Toute coupure, égratignure, griffure de chat, piqûre d'épingle ou d'insectes, brûlure ;
– L'utilisation de détergents trop actifs ;
– Tenir une cigarette de cette main ;
– Porter un sac ou tout objet lourd à bout de bras ;
– Porter montre ou bijou à ce poignet ;
– Couper, tirer les peaux des doigts de cette main ;
– Travailler à côté de plantes épineuses ;
– Mettre cette main dans un four chaud ;
– Laisser faire des prises de sang de ce côté ;
– Laisser prendre la tension de ce côté ;

– Exposer ce bras au soleil ;
– Faire de l'acupuncture sur ce bras ;
– Marcher en laissant son bras pendre ;
– Porter des objets lourds, des enfants ;
– Laisser le chien tirer sur sa laisse de ce côté-là.

Ce qu'il faut faire :

– Pratiquer des petits mouvements de gymnastique après l'intervention et pendant quelques semaines, le plus souvent possible, sans jamais forcer ;
– Mettre son bras en position surélevée pour dormir et chaque fois que c'est possible ;
– Porter ses bijoux à l'autre bras ;
– Porter des vêtements amples qui ne serrent ni le bras ni l'épaule ;
– Bien nettoyer et désinfecter en cas de lésion cutanée ;
– Porter un gant de caoutchouc large pour laver la vaisselle ;
– Porter un gant protecteur pour jardiner ;
– Mettre un dé pour coudre ;
– Se faire prescrire de la kinésithérapie pour drainage lymphatique.

MAMMOGRAPHIE

Radiographie de la poitrine, la mammographie utilise les rayons X du mammographe. Le cliché met en évidence le tissu adipeux, le tissu fibroglandulaire, les lobes, les canaux galactophores, les vaisseaux sanguins et les autres tissus mammaires. Le cliché donne une image en deux dimensions du volume du sein. Plusieurs clichés sont donc nécessaires pour rendre la glande bien visible.

C'est la méthode la plus efficace pour dépister une tumeur à son stade le plus précoce, alors qu'il est encore très facile de la soigner et de la guérir.

MASTECTOMIE : voir *TUMORECTOMIE*.

MÉNOPAUSE – QUELQUES TRUCS POUR SUPPORTER

– Savoir que les sautes d'humeur sont d'origine hormonale peut aider à en relativiser la portée. Certes, on ne peut toujours les éviter, mais on peut en rire.

– Pour les bouffées de chaleur, j'ai vu un magnétiseur ; d'autres prennent de l'homéopathie (FSH 30 CH, Lachesis 9 CH, 4 à 5 granules chaque matin et soir, augmenter les doses si besoin) ; d'autres encore des plantes (tisanes de sauge ou de lavandin).

– Pour les rougeurs du visage, des pulvérisations d'eau d'Avène ou d'hamamélis.

– Pour la sécheresse de la peau, rien ne vaut les massages avec des huiles comme celles de calendula, d'argan ou d'amande douce (avec quelques gouttes d'huile essentielle de bois de rose, d'orange douce ou de géranium rosat).

– Pour l'équilibre général, ne pas oublier le jus de noni.

PLAQUETTES

Les plaquettes sont les cellules sanguines qui permettent en particulier la coagulation. On doit les contrôler, tout comme les globules blancs – et aussi les rouges – pendant tout le traitement des chimios pour éviter tout saignement, toute hémorragie et aussi tout œdème veineux.

Prothèse mammaire externe

Il existe différents types de prothèse mammaire externe :
– La prothèse non solidaire qui se glisse dans la poche d'un soutien-gorge spécial, à la place du sein manquant. Elle pèse à peu près le même poids que le sein. Une fois en place, elle fait totalement illusion. Son contact est doux et souple, sa pose facile.

– La prothèse solidaire, ou de contact, se porte directement sur la peau. Elle adhère au buste grâce à sa face interne en silicone cohésive.

– Les compléments mammaires permettent de combler la partie du sein qui a été enlevée.

La prothèse prescrite par le médecin est renouvelable chaque année. Elle est remboursable en partie.

Elles sont douces au toucher, faciles à laver, souples et résistantes, ne craignant que les coupures ou piqûres qui les détériorent sans possibilité de réparation.

Radiothérapie – qu'est-ce qu'une radiothérapie ?

Elle consiste à utiliser la radioactivité à des fins thérapeutiques. On l'utilise dans le traitement du cancer du sein :
– Après une tumorectomie, pour irradier les mini-foyers tumoraux, souvent microscopiques, qui se trouvent dans le sein, à distance de la tumeur. On délivre au total une dose de 45 ou 50 grays ;
– Après une mastectomie, lorsque la tumeur était volumineuse ou s'il y avait de nombreux ganglions atteints. On délivre 45 grays sur la paroi thoracique pendant quatre à cinq semaines, cinq jours par semaine.

RAYONS : voir *IRRADIATION* et *RADIOTHÉRAPIE*.

REDONS

Après une mastectomie sont posés des drains pour permettre l'écoulement de la lymphe. La lymphe s'écoule dans les drains pendant deux ou trois jours, voire plus. Le retrait des drains est totalement indolore. L'écoulement de la lymphe peut persister même une fois les drains enlevés. Se forme alors un lymphocèle, une poche de lymphe sous-cutanée soit sous l'aisselle, soit au niveau de la mastectomie.

Lors de la consultation postopératoire, le chirurgien ponctionnera l'œdème qui ainsi se résorbera ; c'est totalement indolore. Plusieurs ponctions peuvent être nécessaires.

Un léger œdème, parfois assez gênant, peut toutefois persister pendant plusieurs mois. Il partira tout doucement grâce à des séances de drainage lymphatique. Bien que faisant partie des inconforts (et non des douleurs) qui suivent l'opération, la question de l'œdème et de la gêne qu'il occasionne ne peut être oubliée. Surtout lorsque les séances de rayons viennent réactiver le gonflement du bras ou du pectoral.

RÉMISSION

1. Action de remettre, de pardonner un péché. Absolution. Remise de peine. Grâce. Indulgence. 2. Affaiblissement, diminution temporaire d'un mal. Accalmie. Atténuation. Pause. Répit.

SCINTIGRAPHIE

Pour repérer les ganglions sentinelles, au moment de l'intervention ou la veille, on injecte dans le sein un marqueur qui se diffuse dans les canaux lymphatiques et se concentre dans les ganglions sentinelles. Le produit est soit un colorant bleu, lorsque le marquage se fait pendant l'opération, soit un marqueur isotopique – qui ne se voit pas à l'œil nu – qu'on injecte lors d'un examen scintigraphique (une sorte de radio spéciale) la veille de l'opération. La trace bleue qui apparaît alors sur la peau peut ne pas s'en aller. Elle reste toutefois assez discrète pour ne pas être bien gênante.

TAXOTÈRE

Le Taxotère (docétaxel) fait partie des taxanes (extraits de l'if). Ce sont des produits qui sont utilisés après la chirurgie ou en cas de récidive et dans les phases avancées du cancer du sein.

Leur efficacité laisse à penser que les protocoles incluant les taxanes vont rapidement s'imposer dans toutes les indications à risque.

Les effets secondaires peuvent être une photosensibilisation de la peau (la peau rougit lors de la moindre exposition solaire) et surtout des risques d'œdèmes au niveau des jambes. La prescription de corticoïde accompagnera donc la cure de taxanes.

La complication la plus spécifique est celle qui va déformer les ongles des mains comme des pieds. L'ongle se forme mal, se décolle et il y a un risque d'infection sous-unguéale. La prévention consiste à porter des gants réfrigérés pendant la perfusion.

TUMORECTOMIE, MASTECTOMIE

La tumorectomie, ou chirurgie conservatrice, consiste à enlever la tumeur et à conserver le sein. Elle est toujours suivie de séances de radiothérapie et d'une hormonothérapie si le cancer est hormonodépendant.

La mastectomie consiste à enlever la totalité du sein : toute la glande mammaire, la peau, l'aréole et le mamelon. Elle est également suivie d'une radiothérapie et/ou de chimiothérapie et/ou d'une hormonothérapie. La pratique actuelle dite « intervention de Patey » n'a plus grand-chose à voir avec les interventions délabrantes d'hier. Dans les deux cas, l'opération peut être suivie d'une reconstruction chirurgicale du sein.

En général, on essaie de conserver le sein lorsque la tumeur ne dépasse pas 3 centimètres.

Tumorectomie et mastectomie ne sont pas des opérations très douloureuses. Certes, le réveil peut être difficile, mais au bout d'une journée, les douleurs s'estompent.

Le curage axillaire peut toutefois entraîner des douleurs plus ou moins importantes, de la simple gêne à des douleurs vives qui sont toujours bien calmées par les médicaments.

Il ne faut d'ailleurs pas hésiter à prendre un antalgique pour empêcher la douleur de s'installer. Aucune douleur ne doit persister sans qu'on le signale et qu'on cherche à l'apaiser.

À la suite d'une mastectomie, l'ensemble du thorax peut rester engourdi. La plupart du temps, cela régresse et disparaît mais il peut arriver qu'une gêne dure pendant des mois ou des années.

La reprise des activités :

– En cas de tumorectomie sans curage axillaire, rien n'empêche *a priori* de reprendre des activités normales après quelques jours sans beaucoup de gêne.

– En cas de curage ou de mastectomie, on ne peut reprendre ses activités normales qu'après trois ou quatre semaines, tout en se ménageant car le curage axillaire nécessite de protéger son bras et d'éviter les efforts quotidiens. Il faut ensuite rester très prudente pendant au moins trois mois.

– Le drainage lymphatique et les exercices réguliers peuvent contribuer à diminuer l'œdème pectoral.

– Éviter les activités sportives violentes, mais ne pas craindre de reprendre une activité physique normale.

– Apprendre à connaître son bras et ses possibilités.

– La danse, le tennis, la natation peuvent être pratiqués avec modération.

– La reprise du travail se discute avec le médecin traitant et la médecine du travail.

– Possibilité de reclassement professionnel ou de mi-temps thérapeutique.

– Contacter les services sociaux pour connaître ses droits.

Ce qui peut aider à mieux vivre une fois chez soi :

L'important, c'est de ne pas rester seule enfermée avec sa peine et surtout les folles questions et angoisses qui peuvent nous prendre la tête. Sans interlocuteur compétent, la folle du logis reprend ses droits et nous fait vivre de trop mauvais moments. Il existe nombre de réseaux de soutien, à ne pas négliger.

225

En premier lieu, le service Écoute cancer, le service gratuit et anonyme d'accueil téléphonique de la Ligue contre le cancer : 08 10 81 08 21 (numéro Azur).

Dans ma région, le réseau Onc'Oriant offre à chacun la possibilité de trouver à tout moment un interlocuteur. Il s'agit d'un ensemble de professionnels de santé de ville, des établissements chirurgicaux, médicaux et des soins de suite ainsi que d'acteurs sociaux (service d'aide à domicile, associations d'usagers et de bénévoles…) qui participent à la prise en charge de patients atteints de cancer : médecin, acupuncteur, infirmière, manipulateur(trice) en radiothérapie, psychologue, assistante sociale, diététicienne, assistante d'accueil…

On peut faire appel à eux pour un renseignement, un conseil, quel que soit notre souci, ou tout simplement notre besoin de parler à quelqu'un qui ne soit pas de notre entourage proche.

VSL – VÉHICULE SANITAIRE LÉGER

À mi-chemin entre le taxi et l'ambulance, le VSL permet de faire tous les voyages entre le domicile et l'hôpital, pour peu qu'ils soient en lien avec le cancer et qu'ils soient prescrits par le médecin qui a ordonné l'examen : consultations, soins, chimios, rayons, mammos de contrôle et autres scanners et scintigraphies… – tout ce qui entre dans le cadre du traitement du cancer à partir du moment où la prise en charge a été faite par le médecin généraliste référent.

Petite bibliographie de référence

Sabine de la Brosse, *Savoir pour guérir*, Filipacchi, 2004.

Dr Alfred Fitousi, Pr Olivier Rixe, *Cancer du sein. Guide à l'usage des femmes*, Bash, 2006.

Yashar Hirshaut, Peter I. Pressman, *Cancer du sein*, Marabout, 2004.

Institut national du cancer, *Le Dépistage du cancer du sein*, 2005.

Ligue contre le cancer, *Pour mieux comprendre la radiothérapie*, 1998.

Table

TABLE

Du même auteur

Comment aiment les femmes. Du désir et des hommes, Le Seuil, 2006

Il m'a tuée. Au cœur des secrets de famille, Pocket, 2005

Pardonner à ses parents. Il n'est jamais trop tard pour se libérer des secrets de famille, Pocket, 2004

L'Adolescence au quotidien. Quelques principes utiles à l'usage des parents, Pocket, 2003

La Réparation, De la délinquance à la découverte de la responsabilité, Gallimard, 1999

Avec Sophie Carquain

Récits de divan, propos de fauteuil. Comment la psychanalyse peut changer la vie, Albin Michel, 2007

Avec Judith Leroy

Cuisine et dépendances affectives. Pour mieux comprendre nos rapports à l'alimentation, Flammarion, 2006 ; rééd. J'ai lu, 2007

Range ta chambre !, Petit traité d'éducation familiale, Flammarion, 2005 ; rééd. J'ai lu, 2006

Vivre avec elle. Mères et filles racontent, La Martinière, 2004 ; rééd. Pocket 2007

Avec Christine Laouénan

Les Violences au quotidien, La Martinière jeunesse, 2002

Sous la direction de Maryse Vaillant

Encyclopédie de la vie de famille. Les psys en parlent, La Martinière, 2004

De la dette au don. La réparation pénale pour les mineurs, ESF éditeur, 1994

Composition Nord Compo
Impression : Imprimerie Floch, janvier 2008
Éditions Albin Michel
22, rue Huyghens, 75014 Paris
www.albin-michel.fr

ISBN : 978-2-226-18077-3.
N° d'édition : 25730. – N° d'impression : 70201.
Dépôt légal : février 2008.
Imprimé en France.

B

29.00$